近畿圏版⑥ **使いやすい！教えやすい！家庭学習に最適の問題集！**

JN126638

京都府版 国立小学校

京都教育大学附属 京都 小中学校　京都教育大学附属 桃山 小学校

2021年度版 過去問題集

<問題集の効果的な使い方>

①お子さまの学習を始める前に、まずは保護者の方が「入試問題」の傾向や難しさを確認・把握します。その際、すべての「学習のポイント」にも目を通しましょう。
②入試に必要なさまざまな分野学習を先に行い、基礎学力を養ってください。
③学力の定着が窺えたら「過去問題」にチャレンジ!
④お子さまの得意・苦手が分かったら、さらに分野学習をすすめレベルアップを図りましょう!

最新の入試問題と特徴的な出題を含めた全40問掲載

合格のための問題集

京都教育大学附属京都小中学校

図形	Jr・ウォッチャー46「回転図形」
推理	Jr・ウォッチャー33「シーソー」
常識	Jr・ウォッチャー27「理科」、55「理科②」
巧緻性	Jr・ウォッチャー23「切る・貼る・塗る」
口頭試問	新口頭試問・個別テスト問題集

京都教育大学附属桃山小学校

図形	Jr・ウォッチャー3「パズル」
常識	Jr・ウォッチャー11「いろいろな仲間」
常識	Jr・ウォッチャー12「日常生活」
行動観察	Jr・ウォッチャー29「行動観察」
口頭試問	新口頭試問・個別テスト問題集

●資料提供●

京都幼児教室

ISBN978-4-7761-5315-3

C6037 ¥2300E

9784776153153

1926037023005

日本学習図書 ニチガク

定価　本体2,300円＋税

ニチガク式学習支援!!　　日本学習図書（ニチガク）

ニチガクの家庭学習支援

Web学習サポートサービス

こんなこと…ありませんか？

「ニチガクの問題集…買ったはいいけど、、、
この問題の教え方がわからない（汗）」

メールでお悩み解決します！

☆ ホームページ内の専用フォームで必要事項を入力！

☆ 教え方に困っているニチガクの問題を教えてください！

☆ 確認終了後、具体的な指導方法をメールでご返信！

☆ 全国どこでも！ スマホでも！ ぜひご活用ください！

<質問回答例>

学習のポイント

推理分野の学習では、後の学習に活きる思考力を養うことができます。ご家庭で指導する場合にも、テクニックにたよらず、保護者の方が先に基本的な考え方を理解した上で、お子さまによく考えさせることを大切にして指導してください。

Q.「お子さまによく考えさせることを大切にして指導してください」と学習のポイントにありますが、考える習慣をつけさせるためには、具体的にどのようにしたらいいですか？

A. お子さまが考える時間を持てるように、質問の仕方と、タイミングに工夫をしてみてください。
たとえば、「答えはあっているけど、どうやってその答えを見つけたの」「答えは○○なんだけど、どうしてだと思う？」という感じです。はじめのうちは、「必ず30秒考えてから手を動かす」などのルールを決める方法もおすすめです。

まずは、ホームページへアクセスしてください!!

http://www.nichigaku.jp　日本学習図書　検索

目指せ！合格！

家庭学習ガイド
京都教育大学附属京都小中学校

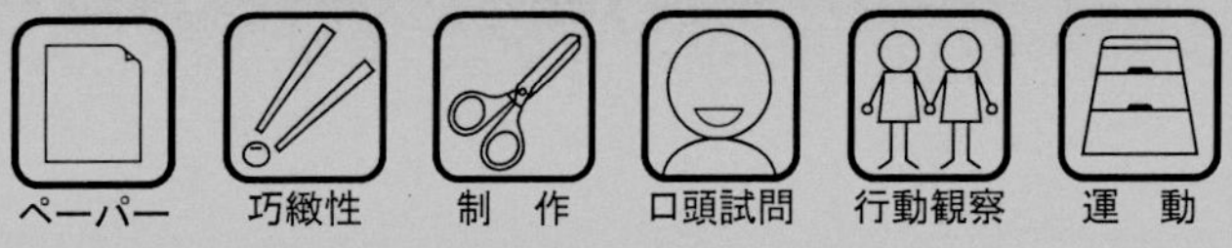

入試情報

応 募 者 数：非公表
出 題 形 式：ペーパー、ノンペーパー
面　　　接：なし
出 題 領 域：ペーパー（巧緻性、言語、図形、推理、常識、数量）、制作、口頭試問、運動、行動観察

入試対策

当校の入試の特徴は出題形式の幅広さです。ペーパーテスト（巧緻性含む）、制作、口頭試問、運動、行動観察、とさまざまな形式で実力が試されます。また、ペーパーテストの出題分野も上記の通り多岐に渡っています。問題の難易度はさほど高くありませんが、頭の切り替えの速さが求められます。日頃の学習から「（解答の）制限時間を守る」「テスト形式の問題集を解く」といった工夫が大切です。
口頭試問では面接形式の課題と折り紙という内容でした。指示や質問にあわせて、きちんと受け答えができるようにしておきましょう。
巧緻性関連では、色を塗る、ハサミ使いが出題されました。運動・行動観察は、「自己の確立した人間を育てる」という学校方針の通り、自主性に観点が置かれています。具体的には、「指示を一度で聞き取る」「ルール、マナーを守れる」といった基準です。付け焼き刃の対策をするのではなく、日頃からそういった点に気を付けて指導するようにしましょう。

- ●日程は男女で異なります。
- ●入試は３時間ほどかかります。長時間の試験に対する備えをしてください。
- ●制作テストでは「後片付け」も観点となっています。「きちんと片付ける」ことを身に付けてください。
- ●運動テストは待機時の様子も観察されているようです。注意しましょう。

必要とされる力　ベスト6

チャートで早わかり！

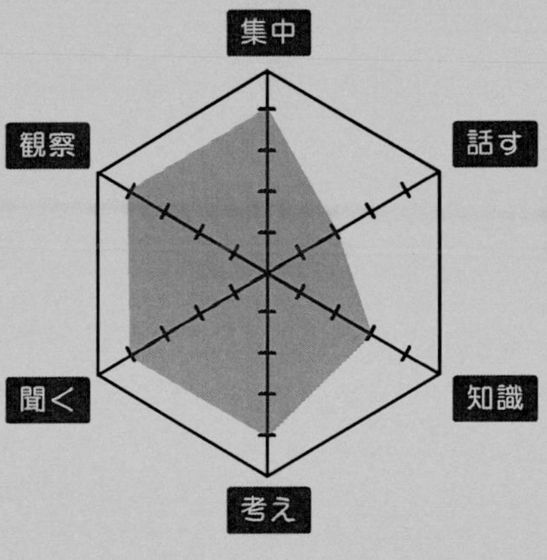

特に求められた力を集計し、左図にまとめました。
下図は各アイコンの説明です。

アイコンの説明	
集中	集　中　力…他のことに惑わされず１つのことに注意を向けて取り組む力
観察	観　察　力…２つのものの違いや詳細な部分に気付く力
聞く	聞　く　力…複雑な指示や長いお話を理解する力
考え	考える力…「～だから～だ」という思考ができる力
話す	話　す　力…自分の意志を伝え、人の意図を理解する力
語彙	語　彙　力…年齢相応の言葉を知っている力
創造	創　造　力…表現する力
公衆	公衆道徳…公衆場面におけるマナー、生活知識
知識	知　　　識…動植物、季節、一般常識の知識
協調	協　調　性…集団行動の中で、積極的かつ他人を思いやって行動する力

※各「力」の詳しい学習方法などは、ホームページに掲載してありますのでご覧ください。http://www.nichigaku.jp

「京都教育大学附属京都小中学校」について

＜合格のためのアドバイス＞

当校は小・中９年間一貫教育で「キャリア教育」を中核に教育を推進し、2010 年度に「京都教育大学附属小中学校」と改称しました。初等部（１～４年）、中等部（５～７年）、高等部（８・９年）の課程は独特のものであり、本校の教育方針をよく理解し、お子さまの適性・将来の進路を考えた上での受験をおすすめします。

考査は、男女別（日程も別）でペーパーテスト（巧緻性含む）、制作、口頭試問、運動テスト、行動観察が実施されます。志願者者は生年月日別（４月２日～９月 30 日、10 月１日～４月１日）に２グループに分けて検査が行われます。また、本年度は、検査が午前中に行われました。検査も長時間に及ぶため、お子さまの体力と気力、精神的自立が必要です。それほど難度は高くありませんが、出題分野は幅広く、総合的な学力が問われると言えるでしょう。その中で、「普通のことが普通にできること」「指示を一度で理解し、行動に移せること」「ルール、マナーを守れること」「生活常識、道徳が身に付いていること」など、小学校受験では普遍的なテーマが問われています。当校受験のための特別な対策をとるというよりは、日常生活の中で躾を含めた学びを実践してしていくことが重要でしょう。

口頭試問は、１対１で行われます。答えがわかっていても、緊張から答えられないというお子さまもいるようです。初対面の人とも話せるようにふだんの生活の中でそういった機会を作り、自然にコミュニケーションがとれるように保護者の方は工夫をしてください。

〈2020 年度選考〉

- ◆ペーパーテスト
- ◆制作
- ◆口頭試問
- ◆運動
- ◆行動観察

◇過去の応募状況

2020 年度	非公表	
2019 年度	男子 183 名	女子 181 名
2018 年度	男子 235 名	女子 215 名

入試のチェックポイント

◇受験番号は…「願書受付順」
◇生まれ月の考慮…「あり」

〈本書掲載分以外の過去問題〉

- ◆見る記憶：見せた絵にあったものを選ぶ。[2017 年度]
- ◆常識：仲間外れの絵を選ぶ。[2017 年度]
- ◆図形：絵を重ねて正しい形を選ぶ。[2017 年度]
- ◆常識：絵を時間の流れに沿って並べる。[2017 年度]
- ◆図形：絵を○回、転がした時の形を選ぶ。[2017 年度]
- ◆言語：絵を並べてしりとりをする。[2016 年度]
- ◆常識：絵を見て太陽の出ている方向を考える。[2016 年度]
- ◆常識：シーソーを使って一番重いものを見つける。[2016 年度]

目指せ！合格！

家庭学習ガイド
京都教育大学附属桃山小学校

入試情報

応募者数：非公表
出題形式：ノンペーパー
面　　接：なし
出題領域：口頭試問、行動観察

入試対策

当校の考査はノンペーパー（筆記用具を使わない形）で行なわれます。
例年、口頭試問で「系列」や「魚や草、海について説明する」「パズルを完成させる」「絵をお話の順番通りに並べる」などの出題がありますが、取り立ててそのための対策が必要というほどのものではありません。むしろ、年齢相応の常識がそなわっていること、受け答えがきちんとできるといったことが観点であることを保護者の方が認識しておけばよいでしょう。
行動観察では、「きちんとした生活ができているか」「集団の中においてルールが守れるか」という２つの観点で実施されているようです。これらは生活の中で身に付けるしかないものですから、保護者の方は、自らが規範となり、お子さまが理解できるように指導してください。理解がないまま表面的な指導を続けるとテストの場面で応用が利きません。行動観察では自主性や積極性も判断の基準となります。教え込まれた通りに取り組むのではなく、自然と身に付いた身のこなしで、楽しく積極的に考査に取り組むことを心がけましょう。

●志願者が男女各80名を超えた場合のみ抽選となります（それ以上の志願者が集まるためほぼ確実に実施）。

必要とされる力 ベスト6

チャートで早わかり！

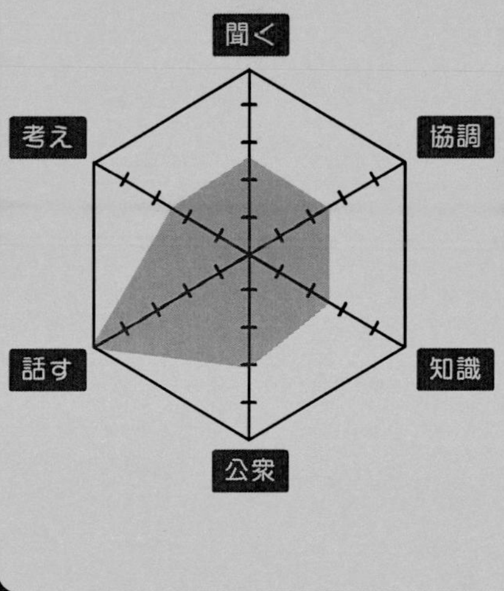

特に求められた力を集計し、左図にまとめました。
下図は各アイコンの説明です。

	アイコンの説明
集中	集　中　力…他のことに惑わされず１つのことに注意を向けて取り組む力
観察	観　察　力…２つのものの違いや詳細な部分に気付く力
聞く	聞　く　力…複雑な指示や長いお話を理解する力
考え	考える力…「～だから～だ」という思考ができる力
話す	話　す　力…自分の意志を伝え、人の意図を理解する力
語彙	語　彙　力…年齢相応の言葉を知っている力
創造	創　造　力…表現する力
公衆	公衆道徳…公衆場面におけるマナー、生活知識
知識	知　　　識…動植物、季節、一般常識の知識
協調	協　調　性…集団行動の中で、積極的かつ他人を思いやって行動する力

※各「力」の詳しい学習方法などは、ホームページに掲載してありますのでご覧ください。http://www.nichigaku.jp

「京都教育大学附属桃山小学校」について

〈合格のためのアドバイス〉

当校は、外部募集が男女約10数名と少ないため、例年10倍を超える高倍率となっています（内部進学は、この倍率には含まれていません）。願書提出時の注意事項が多いため、必ず確認しておく必要があります。

2009年度に第３次検定の抽選が撤廃されましたが、それ以来、第２次検定（行動観察、口頭試問）の出来不出来が合否に大きく影響する状況が続いています。

検定の流れは、第１次検定で保護者による抽選を行い、日をあらためて第２次検定が行われます。２次のうち午前に行われる検査Aは、本の読み聞かせや折り紙を折って待機した後、２名ずつの行動観察（生活巧緻性）と１対１の口頭試問が行われます。親子での昼食（お弁当を持参）をはさんで午後に行われる検査Bは、４名１グループで取り組む行動観察が課されます。検査では難度の高いものはあまり出題されていませんが、躾や行動観察が主で、きちんとした聞き取り、躾、生活態度、協調性、考え方、言語表現などが観点として評価されます。対策がとりにくい考査であることは間違いありませんが、だからこそ差がはっきりと現れます。このような観点の考査では日頃の家庭生活の結果が表れるとも言えますから、日頃の親子の関わり方、家庭生活、お友だちとの関わり方などを大切に過ごしましょう。

〈2020年度選考〉

◆行動観察
◆口頭試問

◇過去の応募状況

2020年度　非公表
2019年度　非公表
2018年度　非公表

入試のチェックポイント

◇受験番号は…「抽選」
◇生まれ月の考慮…「あり」

〈本書掲載分以外の過去問題〉

◆行動観察：数名でシートをたたんで片付ける。[2009年度]
◆口頭試問：カタツムリが道路にいた時どうするか。[2009年度]
◆口頭試問：星、ハート、三角の線の上に同じ形のパズルを置く。[2008年度]
◆口頭試問：絵を見て、絵の中の子どもに話しかける。[2008年度]
◆行動観察：紙芝居を座って聞く。[2007年度]
◆行動観察：４人で大玉を跳び箱の上に載せる。[2005年度]

京都府版
国立小学校
過去問題集

〈はじめに〉

　現在、少子化が叫ばれているにもかかわらず、私立・国立小学校の入学試験には一定の応募者があります。入試は、ただやみくもに学習するだけでは成果を得ることはできません。志望校の過去における出題傾向を研究・把握した上で、練習を進めていくこと、その上で試験までに志願者の不得意分野を克服していくことが必須条件です。そこで、本問題集は小学校を受験される方々に、志望校の出題傾向をより詳しく知って頂くために、過去に遡り出題頻度の高い問題を結集いたしました。最新のデータを含む精選された過去問題集で実力をお付けください。
　また、志望校の選択には弊社発行の「2021年度版　近畿圏・愛知県　国立・私立小学校　進学のてびき」をぜひ参考になさってください。

〈本書ご使用方法〉

◆出題者は出題前に一度問題を通読し、出題内容などを把握した上で、〈準　備〉の欄に表記してあるものを用意してから始めてください。
◆お子さまに絵の頁を渡し、出題者が問題文を読む形式で出題してください。問題を読んだ後で、絵の頁を渡す問題もありますのでご注意ください。
◆「分野」は、問題の分野を表しています。弊社の問題集の分野に対応していますので、復習の際の目安にお役立てください。
◆問題番号右端のアイコンは、各問題に必要な力を表しています。詳しくは、アドバイス頁（ピンク色の１枚目下部）をご覧ください。
◆一部の描画や工作、常識等の問題については、解答が省略されているものがあります。お子さまの答えが成り立つか、出題者が各自でご判断ください。
◆〈時　間〉につきましては、目安とお考えください。
◆解答右端の［○年度］は、問題の出題年度です。［2020年度］は、「2019年度の秋から冬にかけて行われた2020年度入学志望者向けの考査で出題された問題」という意味です。
◆学習のポイントは、指導の際にご参考にしてください。
◆【おすすめ問題集】は各問題の基礎力養成や実力アップにご使用ください。

〈本書ご使用にあたっての注意点〉

◆文中に **この問題の絵は縦に使用してください。** と記載してある問題の絵は縦にしてお使いください。
◆〈準　備〉の欄で、クレヨンと表記してある場合は12色程度のものを、画用紙と表記してある場合は白い画用紙をご用意ください。
◆文中に **この問題の絵はありません。** と記載してある問題には絵の頁がありませんので、ご注意ください。なお、問題の絵の右上にある番号が連番でなくても、中央下の頁番号が連番の場合は落丁ではありません。
下記一覧表の●が付いている問題は絵がありません。

問題１	問題２	問題３	問題４	問題５	問題６	問題７	問題８	問題９	問題10
								●	
問題11	問題12	問題13	問題14	問題15	問題16	問題17	問題18	問題19	問題20
●								●	
問題21	問題22	問題23	問題24	問題25	問題26	問題27	問題28	問題29	問題30
●									
問題31	問題32	問題33	問題34	問題35	問題36	問題37	問題38	問題39	問題40
			●	●					●

㊢ 先輩ママたちの声！

◆実際に受験をされた方からのアドバイスです。
ぜひ参考にしてください。

京都教育大学附属京都小中学校

・試験は約３時間という長時間に及ぶので、体力・集中力を持続させることが何より大切です。ふだんから身体を動かし、規則正しい生活を心がけました。

・子どもが試験を受けている間、保護者はランチルーム（本年度は体育館）で待機します。待機中、校長先生と副校長先生から学校に関する説明がありました。

・出題分野は非常に多いです。不得意な分野を作らないように気を配りました。ペーパー対策だけでなく、生活体験から学べる環境を作るよう努力しました。

・受験をしたことで、親子の絆が深くなりました。テストの結果以上のものを得られたように思います。子どもも精一杯がんばってくれました。

京都教育大学附属桃山小学校

・集合時間から解散時間までは、約５時間かかりました。長時間の試験になるので、付け焼き刃では無理が出てしまうと思いました。

・寒い時期の試験なので、体調管理には気を遣いました。

・お昼ごはんはお弁当を持参して、親子でいっしょに食べます。

・第２次検定は、一度ランチルームにすべての受験生が集まり、そこから受験番号順に呼ばれ、試験を受けに行きます。待機している間は、先生が本を読んでくれたり、いっしょに折り紙を折ったりしてくれたそうです。

・解答方法が口頭によるものなので、日頃の会話を大切にして、いろいろなことを自分の言葉で答えられるように練習しました

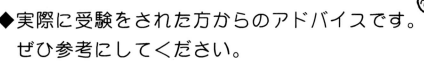

〈附属京都小中学校〉

※問題を始める前に、本文１頁の「本書ご使用方法」「ご使用にあたっての注意点」をご覧ください。

※本校の考査は、色鉛筆を使用します。間違えた場合、訂正印は「×」を書くよう指導してください。

保護者の方は、別紙の「家庭学習ガイド」「合格ためのアドバイス」を先にお読みください。
当校の対策および学習を進めていく上で、役立つ内容です。ぜひ、ご覧ください。

2020年度の最新問題

問題１　分野：巧緻性（塗る）

聞く　集中

〈準備〉　青色鉛筆

〈問題〉　それぞれの絵の１番中にある線からはみ出さないように色を塗ってください。

〈時間〉　１分30秒

〈解答〉　省略

［2020年度出題］

学習のポイント

まず、どの部分を塗らなければいけないのかを、お子さまは理解できたでしょうか。「１番中にある線からはみ出さいように」ということは、真ん中の１番小さな形を塗ればよいということです。巧緻性の問題ではありますが、指示の内容を理解できているかどうかも問われています。いくら上手に色が塗れていたとしても、塗る場所が違っていたら評価はされません。このように、色を塗るというシンプルな課題だったとしても、出題の仕方によって問題が難しくなることがあります。しっかりと問題を最後まで聞いて、理解してから問題に取り組むようにしましょう。指示（話）を聞いていないというのは、小学校受験では大きなマイナス要素になってしまいます。

【おすすめ問題集】
　実践 ゆびさきトレーニング①・②・③、
　Ｊｒ・ウォッチャー23「切る・貼る・塗る」

問題２　分野：言語（しりとり）

語彙

〈準備〉　青色鉛筆

〈問題〉　それぞれの四角の中の絵でしりとりをした時に、つながらないものはどれでしょうか。選んで○をつけてください。

〈時間〉　各30秒

〈解答〉　①右下（竹馬）　②右上（ナス）　③左上（黒板）　④右下（そば）

［2020年度出題］

学習のポイント

本問のようにしりとりの始まりが示されておらず、つながらない絵も入っているので、お子さまにとっては少し難しく感じるかもしれません。どこから始めるか悩んでいるうちに、時間がなくなってしまうということがよくあります。そんな時は、どの絵からでもよいので、まず始めて、試行錯誤しながらつなげていくというのも１つの方法です。もちろん、全体の絵を見て最初から順番につなげていく方法でも構いません。お子さまのやりやすい方法を見つけてあげてください。問題が理解できたらすぐに取りかかれるように、解き方の「型」を持てるとスムーズに解けるようになります。こうした、問題の解き方も大事ですが、それ以前に年齢相応の語彙がなければ、正解することはできません。まずは、そうした基礎をしっかりと養っていきましょう。

【おすすめ問題集】
　Ｊｒ・ウォッチャー17「言葉の音遊び」、18「いろいろな言葉」、
　49「しりとり」、60「言葉の音（おん）」

問題３　分野：図形（模写・座標）　観察　考え

〈準備〉　青色鉛筆

〈問題〉　**この問題の絵は縦に使用してください。**
左の形と同じになるように、右の形に印を書いてください。

〈時間〉　各１分

〈解答〉　省略

[2020年度出題]

学習のポイント

当校では、例年、模写が出題されているのでしっかりと対策をとるようにしてください。とはいえ、それほど複雑な形というわけではないので、基礎的な学習をしっかり行っていけば充分に対応できる問題です。本問で扱われている座標は、図形分野の基礎となります。回転図形や対称図形などの問題に発展していく中で、位置の把握がしっかりできていないと、ますます理解できなくなってしまいます。座標は、図形分野の中で、あまり目立つことはありませんが、こうした基本をおろそかにせず、きちんと理解して次のステップに進むようにしてください。逆に言えば、座標さえできていれば、図形の基礎は身に付いているといっても過言ではありません。

【おすすめ問題集】
　Ｊｒ・ウォッチャー２「座標」

問題4　分野：図形（合成）

観察　考え

〈準備〉　青色鉛筆

〈問題〉　左の形を作るのに必要な形はどれでしょうか。右の四角の中から3つ選んで○をつけてください。

〈時間〉　各30秒

〈解答〉　下図参照

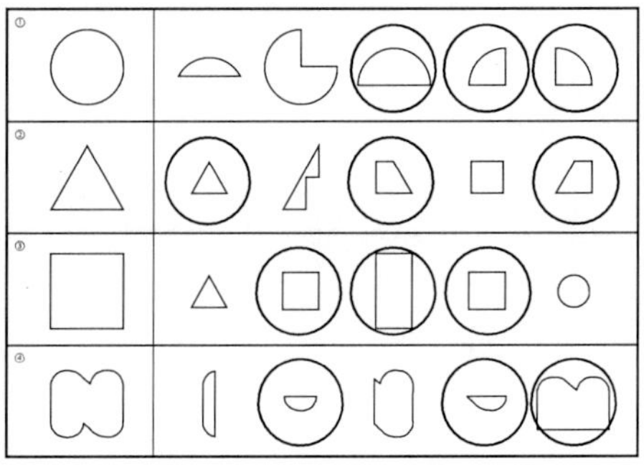

［2020年度出題］

学習のポイント

「3つ選んで」という指示をしっかり聞いていたでしょうか。①では、左から2番目と右端の2つで左の形を作ることができます。ですが、それでは不正解です。学習を重ねていくうちに、お子さまは解答用紙を見て「こういう問題だな」と予測ができるようになります。それは悪いことではないのですが、本問のように指示があったりするので、問題文を最後まで聞くということを徹底してください。こうしたパズルの問題は、ペーパーではなく、実際に動かしながら考えることが基本になります。問題集を切り取って、頭の中ではなく、目で見て手を動かすことで、図形を動かす感覚が身に付きます。そうした経験を積み重ねると、問題集などに描かれている図形を頭の中で動かすことができるようになるのです。ペーパーだけでなく、具体物を使って考えるという経験を大切にしてください。

【おすすめ問題集】

Ｊｒ・ウォッチャー3「パズル」、9「合成」、54「図形の構成」

問題5　分野：推理（シーソー）

観察　考え

〈準備〉　青色鉛筆

〈問題〉　上の見本のように釣り合っている時、下の？の四角の中にいくつ△が入れば釣り合うでしょうか。その数の分だけ1番下にある△に色を塗ってください。

〈時間〉　各1分30秒

〈解答〉　①△：2　②△：1　③△：3　④△：1

［2020年度出題］

学習のポイント

本文を解くためには、一対多の対応や置き換えの考え方を理解しておく必要があります。このどちらを使っても解くことができます。①を例にすると、見本は○１つに対し△２つで釣り合っているので、○３つは△６つになるという考え方が一対多の対応で、左の○３つを△６つに置き換えるというのが置き換えの考え方です。このように、解き方（考え方）は１つだけとは限りません。どちらの解き方が正しいということはなく、正解にたどり着くまでの過程が異なるというだけなのです。また、正解を書く際に、下の△に色を塗るのではなく、○をつけてしまったお子さまもいたのではないでしょうか。当校は、問題を最後まで聞いていないと間違えやすい、ちょっとしたひねりを加えた問題が見受けられます。基本的なことですが、問題を最後までよく聞きくように心がけましょう。

【おすすめ問題集】

Ｊｒ・ウォッチャー33「シーソー」、42「一対多の対応」、57「置き換え」

問題６　分野：図形（回転図形・模写）

観察　考え　集中

〈準 備〉　青色鉛筆

〈問 題〉　上の段の見本を見てください。右の形は、左の形を回した時の形です。下の段の黒丸のついた線が右の四角のところまで回った時、どんな形になるでしょうか。右の四角に書いてください。

〈時 間〉　各１分

〈解 答〉　下図参照

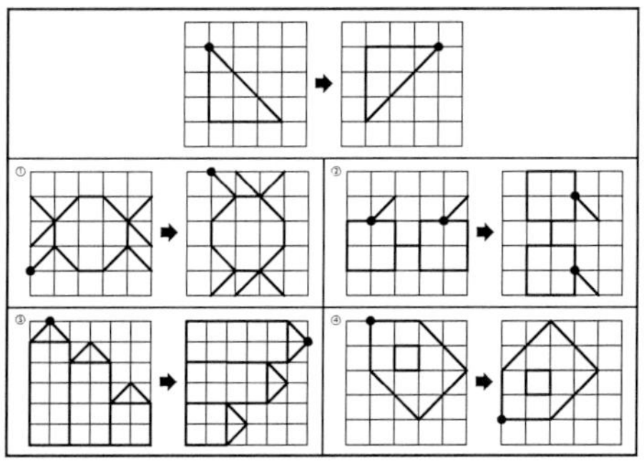

［2020年度出題］

学習のポイント

見本は示されていますが、それでも何を問われているのかがわからないお子さまもいるかもしれません。ひと言で言えば、回転図形の問題です。ただ、出題の仕方が独特なので、回転図形の問題とわかるかどうかがポイントになるでしょう。その上、回転図形とわかったとしても、回転した形を模写しなくてはいけません。そう考えると非常に難しい問題です。観察力、思考力、集中力などさまざまな力が必要になります。解答用紙を傾けながら解けば正解できるかもしれませんが、その方法では解答時間が足りなくなってしまうでしょう。そういう意味ではスピードも問われることになります。方眼紙さえあれば、簡単に問題を作ることができます。保護者の方がお子さまの理解度に合わせて問題を作ってあげてみてください。

【おすすめ問題集】

Ｊｒ・ウォッチャー46「回転図形」、51「運筆①」、52「運筆②」

問題7　分野：常識（理科）

知識

〈準備〉　青色鉛筆

〈問題〉　左のくだものや野菜を切った時の正しい切り口はどれでしょうか。右の四角の中から選んで〇をつけてください。

〈時間〉　各15秒

〈解答〉　①右から２番目　②左から２番目　③左端　④左端
⑤右から２番目　⑥右端　⑦右から２番目　⑧左から２番目

［2020年度出題］

学習のポイント

くだものや野菜の断面図は、以前に比べれば出題は少なくなりましたが、今でも時折出題されることがあるので、しっかり対応できるようにしておきましょう。こうした問題は、ペーパー学習で学ぶのではなく、生活の中で身に付けるようにしたいものです。実際にくだものや野菜を切ったものを目にするのと、問題集などで見るのとでは記憶の定着も違います。どんな切り口なのかを想像し、実際に目にすることは、ペーパー学習では得られない経験です。それに加え、触ったり、匂いを感じたり、食べたりすることで、より多くの情報を得ることができます。名前や形を知ることだけが知識ではありません。入試に直接関係ないことかもしれませんが、実際に触ったり、感じたりすることは、大切な経験になるのです。

【おすすめ問題集】

Ｊｒ・ウォッチャー12「日常生活」、27「理科」、55「理科②」

問題8　分野：制作（切る、塗る）

聞く　集中　創造

〈準　備〉　①ハサミ　②青色鉛筆、Ｂ４サイズの画用紙

〈問　題〉　①ハサミで３本の線を切ってください。その時、上の太い線からはみ出さないようにしましょう。
②自由に絵を描いてください。

〈時　間〉　適宜

〈解　答〉　省略

［2020年度出題］

学習のポイント

基本的な巧緻性の問題です。指示は、「線に沿って切る」「上の線からはみ出さないように切る」という２点だけです。アドバイスをするとすれば、切る時にはハサミを動かすのではなく、紙を動かすようにするということです。ハサミは動かさずまっすぐにして、左手を使って、線の上にハサミの刃が来るように紙を動かすようにしましょう。上手に切れていないと感じるようでしたら、ハサミが使えていないのではなく、左手が上手く使えていないのかもしれません。お子さまを注意して見てあげるようにしてください。自由画は、名前の通り自由に描いてよいので細かなことを言わず、のびのびと描かせてあげてください。悪いところを見つけるのではなく、よいところを褒めるようにしてあげましょう。

【おすすめ問題集】
Ｊｒ・ウォッチャー22「想像画」、23「切る・貼る・塗る」、24「絵画」

問題9　分野：口頭試問

聞く　話す

〈準　備〉　折り紙

〈問　題〉　**この問題の絵はありません。**
（３〜６人のグループで行う）
【面接形式】
「好きなお手伝いを教えてください」
「好きな食べものは何ですか」
「好きな遊びは何ですか」
※言える人は手を挙げてくださいと言われる場合と、１人ひとり回答させる場合がある。回答の後に「それはどうしてですか」という質問がある。
【折り紙】
①先生と同じように折り紙を折ってください（折り紙を半分に折って、また半分に折る）。
②（質問）折り紙で何を折るのが好きですか。
③それでは、今言った折り紙を折ってください。
④最後に元気よく挨拶をして教室を出ましょう。折り紙は緑のかごに入れてください。

〈時　間〉　適宜

〈解　答〉　省略

［2020年度出題］

学習のポイント

難しい質問や難しい課題ではないので、落ち着いて対応できれば問題ないでしょう。こうした当たり障りのない質問の場合は、どんな回答をするのかではなく、答える時を含めた態度や取り組む姿勢を観ています。気を付けるとすれば、最初の質問ではなく、「それはどうしてですか」という質問の方でしょう。答えの根拠を聞かれているので、「〇〇だから××です」というように、論理的に答えなければなりません。「折り紙で何を折るのが好きですか」→「それでは、今言った折り紙を折ってください」のように、折り紙の課題でも同じような形で質問が重ねられます。当校では、こうした根拠を求められるので、しっかりと考えて答える必要があります。

【おすすめ問題集】

新口頭試問・個別テスト問題集、新ノンペーパーテスト問題集、面接テスト問題集

問題10　分野：運動

聞く　集中

〈準備〉　マット、平均台、踏み台

〈問題〉　**この問題は絵を参考にしてください。**

①（タブレットで見本を見せる）
このように、マットの上ででんぐり返しをしてください。終わったら元のところに戻って座ってください。

②マットの上でケンパ・ケンパ・ケンケンパーをして、最後に好きなポーズをとってください。終わったら元のところに戻って座ってください。

③落ちないように平均台を渡ってください。終わったら元のところに戻って座ってください。

④（タブレットで見本を見せる）
このように、リズムに合わせて階段ゲームをしましょう。終わったら元のところに戻って座ってください。
※「チーン・カン・カン・カン、チーン・カン・カン・カン」のリズム。

〈時間〉　適宜

〈解答〉　省略

［2020年度出題］

学習のポイント

難しい課題はありません。小学校入試でよく見かける運動課題がほとんどです。④の階段ゲームはあまり見かけない課題ですが、４拍子で踏み台を登り降りするというものなのではじめてだったとしても戸惑うようなものではないでしょう。誰にでもできる課題ということは、課題以外の部分が観られているということでもあります。課題ができたかどうかではなく、取り組む姿勢や待っている時の態度などが重要になってきます。実際、試験の時には、課題が終わるたびに「終わったら元のところに戻って座ってください」という指示があったようです。こうした指示を守ることはもちろんですが、指示がなくても周りに迷惑をかけるような行動をしないようにしましょう。

【おすすめ問題集】

新運動テスト問題集、Ｊｒ・ウォッチャー28「運動」

問題11　分野：行動観察（自由遊び）

協調　聞く

〈準備〉　ボウリングのボールとピン（10本、ペットボトルでもよい）、紙コップ（10個程度）、ゴムボール、かご

〈問題〉　**この問題の絵はありません。**

ここにある、玉入れ、ボウリング、紙コップ積みのどれで遊んでもいいです。ケンカしないで仲良く遊びましょう。遊び終わったら必ず片付けてください。「やめ」の合図があったら遊びをやめて、みんなで協力して片付けをしましょう。

〈時間〉　15分

〈解答〉　省略

[2020年度出題]

学習のポイント

行動観察では、集団の中でどのように振る舞うかが観られます。自由に遊びつつも、他者を尊重し、マナーを守るようにしてください。まずは、日常の遊びの中で、おもちゃを独占したり、ほかの子が遊んでいるものを取り上げたり、ほかの子を仲間外れにしたりすることはいけないことだと理解させましょう。そして、子どもが多く集まる公園などで遊ばせ、協調性や気配りなどを、子どもなりの「社会」で学ばせてください。自分から仲間に入っていける積極性、お友だちの輪に入れずにいる子に声をかける配慮、みんなで楽しく遊ぶために工夫する姿勢などを身に付けることができると、行動観察でも高い評価を得ることができるでしょう。

【おすすめ問題集】

Ｊｒ・ウォッチャー29「行動観察」

家庭学習のコツ①　「先輩ママのアドバイス」を読みましょう！

本書冒頭の「先輩ママのアドバイス」には、実際に試験を経験された方の貴重なお話が掲載されています。対策学習への取り組み方だけでなく、試験場の雰囲気や会場での過ごし方、お子さまの健康管理、家庭学習の方法など、さまざまなことがらについてのアドバイスもあります。先輩ママの体験談、アドバイスに学び、ステップアップを図りましょう！

問題12　分野：お話の記憶

聞く　集中

〈準　備〉　青色鉛筆

〈問　題〉　お話を聞いて後の質問に答えてください。

今日は日曜日。さくらさんはお兄さんと２人で、近所の海に自転車で遊びに行きました。お母さんが作ってくれたお弁当と、黒い浮き輪と、星が描いてあるビーチサンダルを持って出かけました。２人は海に着くと、さっそく泳いだり水遊びをしたりしました。お昼になっておなかが空いたので、レジャーシートを広げてお弁当を食べることにしました。お兄さんのお弁当は焼き魚とキンピラ、さくらさんのお弁当は大好きなサンドイッチでした。お兄さんは焼き魚とキンピラを口いっぱいに頬張りながら、「外で食べると、家で食べるよりももっと美味しいね」と言いました。さくらさんもうれしくて、サンドイッチを３つも食べました。おなかがいっぱいになったさくらさんは、「浜辺の砂で何かを作ろうよ」とお兄さんに言いました。２人でたくさん砂を集めながら、お城にしようか、船にしようか、それとも山にしようかと相談しました。そして出来上がったのは大きな大きな山でした。さくらさんとお兄さんは、「大きいな」「かっこいいね」と言って喜んでいましたが、突然、ザブーンと高い波がやってきて、山はあっという間に崩れてしまいました。「あ～あ、せっかく作ったのに」と、さくらさんはがっかりしました。お兄さんも、「あ～あ、崩れちゃった」と残念そうに言いました。「でも、今日は楽しかったなあ」と２人で笑ってから、来た時と同じ乗りもので家に帰りました。

①お話と同じ季節のものに○をつけてください。
②２人が持っていた浮き輪とビーチサンダルはどれですか。○をつけてください。
③２人は砂浜で何を作りましたか。○をつけてください。
④お兄さんはお昼ごはんの時に何を食べましたか。○をつけてください。
⑤キンピラを作る時によく入れる野菜はどれですか。○をつけてください。
⑥さくらさんはサンドイッチをいくつ食べましたか。その数だけ○をつけてください。
⑦２人が帰りに乗ったものはどれですか。○をつけてください。

〈時　間〉　各15秒

〈解　答〉　①ヒマワリとスイカ　②右端　③左端　④右端（焼き魚）
⑤右から２番目（ゴボウ）　⑥○：３　⑦左から２番目（自転車）

［2019年度出題］

家庭学習のコツ②　「家庭学習ガイド」はママの味方！

問題演習を始める前に、試験の概要をまとめた「家庭学習ガイド（本書カラーページに掲載）」を読みましょう。「家庭学習ガイド」には、応募者数や試験課目の詳細のほか、学習を進める上で重要な情報が掲載されています。それらの情報で入試の傾向をつかみ、学習の方針を立ててから、対策学習を始めてください。

学習のポイント

お話の記憶は、昨年度より当校で新たに出題されるようになった分野です。昨年度との違いは、250字程度のお話２つから、600字程度のお話１つになったこと、お話の季節や常識について聞く問題が出されたことの２点があげられます。お話や質問の内容を見ても、昨年度よりも聞き取りの力が必要な問題になったと言えます。本年の形式が次年度以降も続くかどうかはわかりませんが、本問と同レベルのお話に対応できるようになるためには、まず、聞き取りの力を伸ばすことが必要です。そのためには、ふだんからお話の読み聞かせを続けるのが１番でしょう。お話を聞き取ることにある程度慣れてきたら、お話を大きく２～３の場面に分けて、簡単な言葉でまとめる練習をします。例えば本問の場合、「さくらさんとお兄さんは海へいった」「お弁当を食べた後、砂山を作った」という感じです。このようにまとめられるようになってきたら、細かい描写もあわせて覚える練習に進みましょう。いきなり細かい部分まで全部覚えようとせず、少しずつ覚えられることを増やせるように、何度も繰り返し読み聞かせることが大切です。

【おすすめ問題集】

　１話５分の読み聞かせお話集①・②、お話の記憶　初級編・中級編

　Ｊｒ・ウォッチャー19「お話の記憶」

問題13　分野：常識（昔話）　知識

〈準備〉　青色鉛筆

〈問題〉　左のお話に出てくるものはどれですか。２つ見つけて、○をつけてください。

〈時間〉　各15秒

〈解答〉　①左端、右から２番目　②左端、右端　③左端、右端
④左端、左から２番目　⑤左から２番目、右から２番目
⑥左から２番目、右端　⑦左端、右端

［2019年度出題］

学習のポイント

当校で例年出題されている常識分野の問題は、その出題範囲が広いことが特徴です。年齢相応の知識を身に付けることが、そのまま試験対策に直結しますので、日々の学習で学んだことの反復をしっかりとしておきましょう。本年度の題材となっている昔話は、桃太郎をはじめ、この年齢のお子さまには知っておいてほしいお話ばかりです。もし、お子さまが知らないお話があったら、読み聞かせて補うようにしておいてください。また、昔話を覚える際には、お話の流れ（登場人物、おもな出来事）とあわせて、そのお話を代表するものや場面を知ることがポイントになります。例えば、浦島太郎ならば玉手箱を開ける場面と竜宮城へ行く場面などです。お話を把握するための確認は、ほかの分野の学習の合間やちょっとした空き時間に、「桃太郎ってどんなお話？」と聞けば、お子さまがどれぐらいのお話を知っているかがわかります。こまめに繰り返してください。

【おすすめ問題集】

　NEWウォッチャーズ　国立小学校入試セレクト問題集　常識編①②

問題14　分野：推理（ひもの数）

観察　考え

〈準備〉　青色鉛筆

〈問題〉　**この問題の絵は縦に使用してください。**
ひもを線のところで切った時、ひもの数が一番多くなるものはどれですか。○をつけてください。

〈時間〉　各15秒

〈解答〉　①左から２番目　②左端　③右端　④右端　⑤右から２番目
⑥左から２番目　⑦右から２番目　⑧左端　⑨左端　⑩右端

［2019年度出題］

学習のポイント

ひもをハサミで切った時、ひもが何本に分かれるのかを考えます。観察力と思考力が観点となっている推理分野の問題です。①の絵を見ると、１箇所だけ切ったひもは２本に分かれ、２箇所で切ったひもは３本に分かれています。この結果を見て、ハサミで切った場所の数よりも、ひもの数は１本多くなることに気が付けば、ほかの問題も切った箇所が多いものを選べばよいとわかります。推理分野の問題では、本問のように絵を観察して、そこで得たことをもとに気付くことが大切です。ふだんの練習でも、お子さまが絵を見て気が付いたことを、聞き取るようにするとよいでしょう。お子さまは的外れな推測をすることもあるでしょうが、次第によい着眼をするようになってきます。

【おすすめ問題集】
Ｊｒ・ウォッチャー31「推理思考」

問題15　分野：図形（線の構成）

観察　考え

〈準備〉　青色鉛筆

〈問題〉　**この問題の絵は縦に使用してください。**
左の線をすべて使って形を作ります。右から選んで○をつけてください。

〈時間〉　各20秒

〈解答〉　①左から２番目　②左端　③左から２番目　④右端　⑤右から２番目
⑥右から２番目　⑦右端　⑧左端　⑨左端　⑩左端

［2019年度出題］

学習のポイント

図形を線の集まりと考え、その形を構成する線を見つける問題です。この問題では、左側にある線の数と長さがヒントになっています。例えば①の場合、長い線が２本と短い線が１本あるので、２種類の線が組み合わされた図形、３本の線でできている図形を探します。線の種類が多い時は、同じ長さの線が何本ずつ使われているのかを確認するとわかりやすくなります。図形分野の問題では、実際に線を描いたり、具体物を使ったりすることが形を把握する上で効果的と言われます。本問も、短い棒を何本か並べてみると、形がわかりやすいでしょう。もっとも、実際の試験の場では、頭の中に図形を思い浮かべて操作しなければいけませんが、具体物を使った学習は、ペーパー以前の学習として大きな役割を果たします。

【おすすめ問題集】

Ｊｒ・ウォッチャー３「パズル」、54「図形の構成」

問題16　分野：図形（点図形）

観察　集中

〈準 備〉　青色鉛筆

〈問 題〉　上の見本と同じように、点を線でつないでください。

〈時 間〉　２分

〈解 答〉　省略

［2019年度出題］

学習のポイント

点と点を線で結ぶ問題では、線をきれいに引けるか、座標を正確に把握できるか、作業を計画的に進められるかなどが観点となっています。線をきれいに引くためには、姿勢を安定させることが大切です。ペンを持つ時は、小指を紙に付けて固定する感じで少し立てるようにします。そして、もう一方の手で紙を押えます。その時、ペンを立てぎみにすると、ペンを動かす先が手で隠されてしまうことが減ります。線を引く時は、線１本ごとに始点と終点を確認して、一息に引きます。そうすると、線が歪まずにきれいに引くことができます。さらにうまく線を引きたいなら、本問の課題に取り組む前に、縦、横、斜めの直線を一息で引くといったウォーミングアップをしておくとよいでしょう。線を引く時には、左上から右下へと進めるのが右利きのお子さまの場合一般的ですが、方向を気にせず一筆書きのようにペンを動かしたり、外側の枠を描いてから中の線を引いたりする方法もあります。お子さまが進めやすい方法をとってください。

【おすすめ問題集】

Ｊｒ・ウォッチャー１「点・線図形」、51「運筆①」、52「運筆②」

問題17　分野：巧緻性（運筆）

観察　集中

〈準　備〉　青色鉛筆

〈問　題〉　上の見本と同じように、点を線で囲んでください。

〈時　間〉　2分

〈解　答〉　省略

［2019年度出題］

学習のポイント

問題16と同様の問題ですが、本問では点と点を結ぶのではなく、点を囲むように線を引きます。完成後の形がイメージしやすい一方で、どこから始めればよいかわかりにくい、曲線を多く引くといったお子さまには難しい点があり、①では、角の描き方がポイントになります。この部分を、丸い角、短い直線、丸い角と、3つに分けて描くと、お手本通りの形となり、見た目もきれいに仕上がります。半円のように描かないように気を付けてください。②では、左側の角が連続している部分が、同じように難しいところです。③では、右下の「×」の形、斜めの直線と角の組み合わせの部分に注意してください。実際の試験では、角の部分が丸くなってしまったり、角ばってしまっていても、おそらく評価に大きな影響はないでしょう。しかし、思うように作業ができないと、お子さまが気落ちするかもしれません。後の問題や、行動観察の試験に、落ち込んだ顔で参加しても、いい結果は期待できません。逆に、上手く仕上げられたことを自信にして、次の課題に取り組める方がよいでしょう。ふだんからきれいに仕上げることを心がけた練習をすることで、お子さまの自信につなげていきましょう。

【おすすめ問題集】
　Ｊｒ・ウォッチャー51「運筆①」、52「運筆②」

問題18　分野：制作

聞く　創造

〈準　備〉　（問題18-1の絵をあらかじめ指定された色で塗り、2枚の絵の中央で切っておく）
鉛筆、白い紙（Ｂ4）、ハサミ、スティックのり、色紙（赤、1枚）

〈問　題〉　①白い紙に鉛筆で自由に絵を描いてください。裏にも描いても構いません。描き終わったら、静かに待っていてください。
②（問題18-1の絵とスティックのりを渡し、スティックのりの使い方を説明する）青い紙に書かれた2本の線の外側とそれを結んでいる線を、ハサミで切って半円を作ってください。赤い形に合わせるように貼ってください。
③（問題18-2の絵を渡す）赤い色紙をちぎって、リンゴの○から紙をはみださないように貼ってください。白いところが残らないようにしてください。紙を小さくちぎって貼っても構いません。

〈時　間〉　適宜

〈解　答〉　省略

［2019年度出題］

学習のポイント

昨年と同様に自由画の課題です。切る、ちぎる、のりで貼るといった作業を行います。作業内容自体は、それほど難しいものではありません。道具を正しく使い、きれいな仕上がりを目指しましょう。①の自由画では何を描いてもかまいませんが、紙全体を使って大きく描くようにすると、取り組んでいる様子がテスターに伝わりやすいでしょう。このような課題では、何を描いたらよいのか決められず、手を止めた姿を見せることはよいことではありません。描きたいものを決めることが苦手なお子さまには、「自由画なら○○を描く」というようにテーマを事前に決めておくようにしましょう。例えば、「動物ならゾウ」「花ならチューリップ」といった漠然としたものでかまいません。少なくともテーマを考えるのに迷うことがなくなり、安心して課題に取り組めるようになります。②③は指示が少し難しいところもあります。思い込みで、作業を始めてしまわないようにしましょう。最後までよく聞いてから取り組んだ方が結果はよいはずです。

【おすすめ問題集】
Ｊｒ・ウォッチャー22「想像画」、23「切る・貼る・塗る」、24「絵画」

問題19　分野：口頭試問

話す　聞く

〈準 備〉　なし

〈問 題〉　**この問題の絵はありません。**
・あなたの大切な人を３人教えてください。
・お父さん（お母さん）を好きな理由を教えてください。
・好きな遊びは何ですか。２つ教えてください。

〈時 間〉　適宜

〈解 答〉　省略

［2019年度出題］

学習のポイント

面接に際して、名前、家族、幼稚園、受験する学校についてなど基本的な事柄についてはきちんと答えられるようにしておきましょう。面接では、志願書類やペーパーテストではわからない、お子さまの生活体験が評価されます。人に接する時の態度やマナー、挨拶や質問への受け答えの中に、家庭での躾や指導の様子が表れることを考えてください。質問に対しては、自分の考えを素直に、ありのまま答えるのが１番大切です。ただし、「○○！」などと単語の言いっぱなしの答え方は印象がよくありません。「です」「ます」を基調としたていねいな言葉遣いを心がけてください。日頃から周囲の大人たちがていねいな言葉で話していれば、お子さまも自然とそれを学ぶでしょう。参考までに、過去の面接では、嫌いな食べもの、好きな絵本の名前、好きなスポーツ、宝物について、１番褒めてくれる人などが質問されています。一度お子さまと確認しておき、準備しておくのもよいかもしれません。

【おすすめ問題集】
面接テスト問題集

問題20　分野：個別テスト

聞く　集中

〈準　備〉　①少し太めのひも（25cm程度、２本）
　　　　　※あらかじめ見本を作っておく
　　　　　②図形パズル
　　　　　③サイコロ５個、箱３個

〈問　題〉　①この１本のひもを使って、見本のように玉結びを２つ作ってください。
　　　　　②パズルを同じ仲間同士になるように２つに分けてください。
　　　　　　（完成したら）では、ほかの仲間で分けてください。
　　　　　③（箱の中に、サイコロを３つ並べた見本がある）見本と同じようにサイコロを並べてください。わからないことがあれば先生に聞いてください。
　　　　　④（終わって帰る時に）最後にドアの前で大きな声で挨拶をしてください。

〈時　間〉　適宜

〈解　答〉　省略

［2019年度出題］

学習のポイント

個別テストの課題では、指示を聞く、すぐ行動する、集中する、途中であきらめないなど、取り組みの姿勢が観られています。先生と１対１の場で答えを説明しなくてはいけないので緊張すると思いますが、適度な緊張を力にできるように、初対面の大人と話す練習をしておくとよいでしょう。①では、１本のひもに玉結びを２つ作らなければいけません。２つ目の玉を作る時に、１つ目の玉が邪魔にならないようにしましょう。②では、「色」「形」など、理由が説明しやすい分け方にしてください。「どんな分け方ですか」と聞かれた時に対応がしやすくなります。すべての課題に言えることですが、もし指示が聞き取れなかったり、途中でわからなくなった時に、わからないまま課題に取り組んではいけません。そのような時は、「もう１回説明してください」と言って聞き直すようにしてください。③では、サイコロの数、位置、向きなどに注意します。サイコロを１つ置くごとにお手本に目を配るなど、途中での見直しをしながら取り組みましょう。また、この試験は、④のあいさつ、退出までが評価対象となっています。３つの課題が終わっても気を抜かないようにしてください。

【おすすめ問題集】
　新口頭試問・個別テスト問題集

家庭学習のコツ③　効果的な学習方法～問題集を通読する

過去問題集を始めるにあたり、いきなり問題に取り組んではいませんか？　それでは本書を有効活用しているとは言えません。まず、保護者の方が、すべてを一通り読み、当校の傾向、ポイント、問題のアドバイスを頭に入れてください。そうすることにより、保護者の方の指導力がアップします。また、日常生活のさまざまなことから、保護者の方自身が「作問」することができるようになっていきます。

問題21　分野：運動

集中　聞く

〈準備〉　コーン、すだれ（かけっこのゴールテープの代わりになるものであれば何でもよい）、ビニールテープ、なわとび、玉入れの玉、箱、カゴ

〈問題〉　**この問題の絵はありません。**

①２人でかけっこ

・「ヨーイドン」の合図で、全力で走ってください。

・「１、２、３、４、５」と数えた後に「ピー」と音が鳴ります。この音が鳴る前にゴールしてください。

・終わったらコーンの間を通り、歩いて帰ってきます。列の後ろに座って待っていてください。

②なわとび

・先生のお手本（前とび・後とび・交差とび・あやとび・片足とび）を見て、好きなとび方してください。

・終わったらなわとびを片付けてください。

③玉入れ競争（５人１組の対抗戦で行う）箱から玉を取り、自分のチームのカゴに玉を投げ入れます。その際、床に引いてある白線を越えてはいけません。箱の中の玉がなくなった時点で、かごにたくさんの玉が入っているチームの勝ちです。

〈時間〉　適宜

〈解答〉　省略

[2019年度出題]

学習のポイント

例年行われる「運動」テストですが、特に難しい運動や動作は要求されていません。年齢相応の運動ができ、元気に楽しく身体を動かすことができていれば、充分対応できます。このような課題で学校が観ているのは、指示を聞いてすばやく実行できるか、まじめに集中して取り組めるか、失敗しても最後まであきらめずにがんばれるか、といった点です。また、待機時の様子も観られています。勝手に立ち歩いたり、ふざけて周りの子にちょっかいを出したりして進行を妨げるようなことがあると、減点されることとなります。授業をはじめとする小学校の活動でも同じことをするのではないかと、学校側が懸念するためでしょう。日頃から集団の中での活動を多く体験して、集団の中でのルールや約束ごとを守れる社会性・協調性を身に付けておきましょう。

【おすすめ問題集】

新運動テスト問題集、Ｊｒ・ウォッチャー28「運動」

問題22　分野：お話の記憶

集中　聞く

〈準 備〉　青色鉛筆

〈問 題〉　お話を聞いて後の質問に答えてください。

ウサギさんは、水筒とオニギリを入れたリュックサックを持って、冒険に出かけました。森の中を歩いていると、魔女がやってきて「ウサギさん、どこへ行くんだい」と聞きました。ウサギさんが「宝物を探す冒険に行くの」と答えると、「それなら、このカギを持って行きなさい」と言って、魔女は頭に丸い印のついたカギをくれました。森の奥へどんどん進んでいくと、丸い屋根の上に旗が立っているお城が見えました。魔女からもらったカギでお城の中へ入り、中にあった宝箱を開けると、中からたくさんのニンジンが出てきました。ウサギさんは喜んで、ニンジンを食べました。

①ウサギさんが持っていかなかったものはどれですか。○をつけてください。
②ウサギさんが見つけたお城はどれですか。○をつけてください。
③魔女からもらったカギはどれですか。○をつけてください。

〈時 間〉　各15秒

〈解 答〉　①左から２番目（傘）　②右から２番目　③右端

［2018年度出題］

学習のポイント

当校の入試で頻出の、記憶分野の問題です。これまでは、さまざまなものや記号を覚える「見る記憶」の形式をとっていましたが、本年度は聞き取りの力を観る「お話の記憶」の形式となっています。お話は短く、内容もわかりやすいものなので、記憶分野を全般的に学習していた志願者にとっては、取り組みやすい問題です。その一方で、「見る記憶」を中心に対策をとっていた場合には、予想外の出題に慌ててしまったのではないでしょうか。記憶分野では、「見る」「聞く」「覚える」といった、学習に必要とされる基礎的な能力を観ています。こういった能力は、理解力や思考力を用いるほかの分野の土台となるだけでなく、小学校進学後の学習の土台にもなる重要なものです。過去に扱われた「見る記憶」の形式に対応することにこだわりすぎずに、「見る」「聞く」「覚える」力を伸ばすための、バランスのよい学習を大切にしてください。

【おすすめ問題集】

１話５分の読み聞かせお話集①・②、お話の記憶 初級編・中級編
Ｊｒ・ウォッチャー19「お話の記憶」

家庭学習のコツ④　効果的な学習方法～お子さまの今の実力を知る

１年分の問題を解き終えた後、「家庭学習ガイド」に掲載されているレーダーチャートを参考に、目標への到達度をはかってみましょう。また、あわせてお子さまの得意・不得意の見きわめも行ってください。苦手な分野の対策にあたっては、お子さまに無理をさせず、理解度に合わせて学習するとよいでしょう。

問題23　分野：お話の記憶

集中　聞く

〈準 備〉　青色鉛筆

〈問 題〉　お話を聞いて後の質問に答えてください。

クマくんは、スーパーへお買いものに行き、ニンジンとキュウリを買いました。帰りに公園の前を通ると、ウサギさんが困った顔をしながら、あたりをキョロキョロ見ています。「こんにちはウサギさん。何か探しているの」と、クマくんが聞くと、「帽子をなくしちゃったの。白いリボンがついている、お気に入りの帽子なの」と、ウサギさんは言いました。クマくんは「いっしょに探すよ」と言い、ウサギさんといっしょに公園で帽子を探しました。ウサギさんの帽子は、ベンチの上にありました。ウサギさんは、「クマくん、ありがとう」と、うれしそうにお礼を言いました。

①クマくんが買ったものはどれですか。○をつけてください。
②ウサギさんの帽子はどれですか。○をつけてください。
③ウサギさんの帽子はどこにありましたか。○をつけてください。

〈時 間〉　各15秒

〈解 答〉　①左から２番目、右から２番目（ニンジン、キュウリ）　②右から２番目
③左端（ベンチ）

［2018年度出題］

学習のポイント

お話の記憶の問題では、お話の流れに沿って場面を把握した上で、持ちものや色などの細かい部分について覚えていきます。本問の場合、「①クマくんが買いものをした。ニンジンとキュウリを買った。②ウサギさんに会った。白いリボンの帽子をなくした。③帽子を見つけた。ベンチの上にあった」というように、お話の流れから細かい描写へと順に整理できるとよいでしょう。上手に覚えるためには、場面が変わるごとにお話を止めて、質問をしていく方法が効果的です。情景をイメージさせてみたり、場所や出来事、細かい描写について質問したりして、覚えるポイントを理解させます。スムーズに覚えられるようになってきたら、お話を止めずに、最後まで読み聞かせましょう。当校のお話はそれほど複雑ではなく、質問もわかりやすいものが多いので、発展的な問題に取り組むよりも、お話の記憶の問題を解くための基本となるポイントを確実に覚えることを大切にしてください。

【おすすめ問題集】
1話5分の読み聞かせお話集①・②、お話の記憶 初級編・中級編
Ｊｒ・ウォッチャー19「お話の記憶」

問題24　分野：推理（シーソー）

考え　観察

〈準　備〉　青色鉛筆

〈問　題〉　さまざまなものをシーソーに載せて、重さ比べをしました。２番目に重いものを選んで、右の四角の中に○をつけてください。

〈時　間〉　各15秒

〈解　答〉　①１番上（サクランボ）　②上から２番目（トマト）
③上から３番目（靴）　④上から２番目（消防車）

［2018年度出題］

学習のポイント

シーソーは、当校で出題頻度の高い分野の１つです。それぞれの重さの関係を把握して考える力と、指示を正確に聞き取る力が求められています。本問のように２番目に重たいものを見つける場合は、すべてのものを重い順に並べてから答えるのが基本です。例えば③では、４つのシーソー見ると、カバンはいつもシーソーの下がっている方にあり、時計は上がった方にしかありません。そこから１番重いものは鞄、１番軽いものは時計となります。また、左下のシーソーを見ると、残った靴とネクタイの重さの関係もわかり、重い順に鞄、靴、ネクタイ、時計となります。このように重い順に並べられるようになると、１番軽いものや、２番目に重いものなど、質問が変わっても慌てずに答えられるようになります。それは、短い時間で情報を整理して、解答を導き出せるということにもつながります。１つひとつの問題に対して自信を持って取り組めるように、理解することを大切にして練習を繰り返してください。

【おすすめ問題集】
Ｊｒ・ウォッチャー33「シーソー」

問題25　分野：推理（ブラックボックス）

聞く　観察

〈準　備〉　青色鉛筆

〈問　題〉　アリがトンネルを通ると、１匹増えます。左上の絵のように、アリがトンネルを通った時、アリは何匹になりますか。下の絵から選んで、○をつけてください。できたら右上の問題にも答えてください。

カメが橋を渡ると、１匹減ります。左下の絵のように、カメが橋を渡った時、カメは何匹になりますか。下の絵から選んで○をつけてください。できたら右下の問題にも答えてください。

〈時　間〉　各15秒

〈解　答〉　①真ん中　②真ん中　③右　④真ん中

［2018年度出題］

学習のポイント

お約束にしたがって数が変わる、ブラックボックスの問題です。この分野の問題では、お約束を理解する力と、数の増減に関する知識が求められています。10を超える大きな数は扱われていないので、すばやく、正確に数を把握し、増減させられるように練習を積んでおくとよいでしょう。さらに、本問ではお約束の説明が口頭でなされるため、指示を１度で聞き取ることも大切です。絵を見て、思い込みで解き始めてしまったり、指示を聞き間違えてしまったりしないように、１つひとつの作業を確実に行う練習をしましょう。
当校の問題は難度が高いものが少ないため、入試の平均点が上がり、１つひとつの確実性が合否に大きく影響します。ふだんから、基本的な問題を短い時間で正確に答えられるように練習を進めてください。

【おすすめ問題集】
　Ｊｒ・ウォッチャー32「ブラックボックス」、38「たし算・ひき算１」、
　39「たし算・ひき算２」

問題26　分野：常識（理科）

知識　観察

〈準備〉　青色鉛筆

〈問題〉　左上の絵を見てください。風船が風に飛ばされています。今、風はどちらの方向から吹いていますか。絵の中の矢印に○をつけてください。できたら残りの問題も答えてください。

〈時間〉　各15秒

〈解答〉　①左　②左　③右　④下

［2018年度出題］

学習のポイント

常識の問題は、当校で頻出の分野です。特に理科的な問題では、図鑑や映像から学べる知識だけでなく、生活に根付いた知識が問われることも特徴です。本問では、風の吹いてくる方向を扱っています。さまざまなものが風に吹かれると、ものはその方向に向かって押されていきます。①では、風船が右に傾いているので、左側から風が吹いているとわかります。②では凧のしっぽの向きから判断します。③④では、ポールと旗、タンポポと綿毛の位置関係から風向きを見つけます。風の吹く方向や影のできる方向に関する知識は、日常生活の中で理解していくものです。もし、この問題ができていない場合は、生活体験の不足だけでなく、そもそも設問の指示を理解できているかも確認してください。風が吹いていない時の凧や旗の様子をわかっていなかったり、風が吹いていく方向を答えようとしていたりと、間違え方にもさまざまなパターンがあります。なぜそのように答えたのかを聞き取って、それに応じて最適なフォローをしてあげてましょう。

【おすすめ問題集】
　Ｊｒ・ウォッチャー27「理科」、55「理科②」

問題27　分野：図形（重ね図形）

考え　観察

〈準備〉　青色鉛筆

〈問題〉　左側にある２つの図形を重ねると、右側のどの形になりますか。選んで○をつけてください。

〈時間〉　各15秒

〈解答〉　①真ん中　②右　③左　④真ん中

［2018年度出題］

学習のポイント

昨年度に引き続き、重ね図形の問題が出題されています。当校で出題された図形分野の問題には、重ね図形のほかにも、回転図形や鏡図形などのさまざまなバリエーションがあります。そのため、図形分野の基本的な問題を幅広く学習しておくことが、対策学習の第一歩となります。重ね図形の問題では、２つの図形を重ねた時の形を頭にイメージし、そのイメージと同じ形を選択肢の中から探すのが基本的な考え方です。本問でシンプルな形を重ねているので、イメージがしやすいと思いますが、慣れるまでは、重ねた後の図形を紙に書く練習をするとよいでしょう。この方法で練習を積むと、図形を重ねたり、向きを変えたりした時の形を把握する力を伸ばすことができ、小学校進学後の学習にも役立つ力が身に付きます。また、頭の中で上手にイメージができるようになったら、効率よく答えを見つけるために、重ねる前の図形の特徴的な部分を、重ねた後の図形で確認する方法を使ってみるのもよいでしょう。

【おすすめ問題集】

Ｊｒ・ウォッチャー35「重ね図形」

問題28　分野：記憶（聴く記憶）

聞く　観察

〈準備〉　青色鉛筆

〈問題〉　①左上の絵を見てください。タカシくんは帽子をかぶっていて、手にはものを持っていない男の子です。タカシくんを選んで○をつけてください。
②右上の絵を見てください。イヌのポチは耳が白くて、体には黒い模様があります。ポチを選んで○をつけてください。
③左下の絵を見てください。校長先生はネクタイをしていますが、メガネはかけていません。校長先生を選んで○をつけてください。
④右下の絵を見てください。博士はメガネをかけていて、手に薬を持っています。博士を選んで○をつけてください。

〈時間〉　各15秒

〈解答〉　①左から２番目　②右端　③左から２番目　④左端

［2018年度出題］

学習のポイント

特徴を聞き取り、条件に当てはまるものを選ぶ問題です。本年度の当校の問題は、例年に比べて「聞く力」が求められている問題が多く出題されています。「聞く力」は、入試対策としてだけでなく、小学校進学後のさまざまな場面で役立つものです。まずは、人の話を最後まで聞き、その内容をきちんと理解することを指導してください。さらに、聞き取ったことを理解して行動に移す、わからなかった時は状況にあわせて対処するなど、進学準備の意味も含めて、年齢相応の理解・行動力を身に付けるのが理想です。こういったことは、ふだんのコミュニケーションを通して、自然と身に付くものです。家庭での会話の機会が少なかったり、お子さまへ厳しい話し方や接し方ばかりしたりしていないでしょうか。気になる点がある場合は、見直してみるとよいでしょう。

【おすすめ問題集】
Ｊｒ・ウォッチャー20「見る記憶・聴く記憶」

問題29　分野：言語（言葉の音）　聞く　語彙

〈準 備〉　青色鉛筆

〈問 題〉　（問題29－１の絵を渡す）
①②言葉が五十音の順番で並べられています。空いているところに入る絵を選んで○をつけてください。
（問題29－２の絵を渡す）
③④言葉がある順番で並べられています。空いているところに入る絵を選んで○をつけてください。

〈時 間〉　各15秒

〈解 答〉　①左端（シカ）　②右から２番目（リス）　③右から２番目（ハサミ）
④左から２番目（シマウマ）

［2018年度出題］

学習のポイント

小学校受験における言語分野の問題には、さまざまな言葉を音の集まりとしてとらえ、そこに注目して答える問題があります。こうした考え方に慣れていない場合は、言葉が音の集まりであることを理解するために、「イ・チ・ゴ」などのように、音を区切って声に出したり、「イチゴ・イカ・イノシシ」と、先頭の音が同じ言葉を集めてみたりして、言葉の音を意識させていくとよいでしょう。なお、③④では、言葉がどのようなルールで並んでいるかという規則も見つけなければいけません。③では、「ハ」で始まる言葉が２文字→３文字→４文字と増えています。④では、それぞれの先頭の音が、「ニ」→「サン」→「シ」→「ゴ」と、数字の順番になっています。このようなパターンに気が付くためには、言語分野のさまざまなパターンの問題練習をこなし、経験を積むことが１番の早道です。言語分野は練習量で差が付くと考えて、できるだけ多くの問題に触れてください。

【おすすめ問題集】
Ｊｒ・ウォッチャー17「言葉の音遊び」、18「いろいろな言葉」、
60「言葉の音（おん）」

問題30　分野：図形（座標・模写）

集中　観察

〈準備〉　青色鉛筆

〈問題〉　上の四角の中の記号を、下の四角に書き写してください。ただし、「◎」は書き写してはいけません。

〈時間〉　各30秒

〈解答〉　下図参照

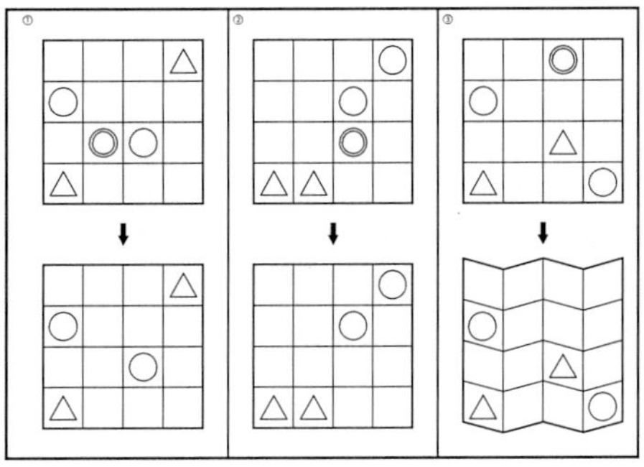

［2018年度出題］

学習のポイント

指示に従って記号を書き写します。指示を正確に聞き取る力と、座標で位置を把握する力が要求されている問題です。書き写す記号は「○」と「△」の２種類で、数もそれほど多くありません。「◎」を書き写さないことに注意して、正確に書き写してください。このような問題では、「○」→「△」の順とか、左上から右へなどのように、書き写す順番を決めてから、作業に取りかかることがポイントです。③では、書き写すためのマスの形が変わっていますが、縦と横の位置関係に変わりはありません。落ち着いて取り組めば、書き写す場所を間違えたり、「◎」を書いてしまったりするようなことは避けれるものです。急いで課題に取り組むのではなく、全体をよく見てから行動を始められるようにしておきましょう。

【おすすめ問題集】

Ｊｒ・ウォッチャー２「座標」

問題31　分野：制作（巧緻性）

集中　聞く

〈準備〉　（問題31の絵をあらかじめ指定された色で塗り、右側の絵を枠線に沿って２枚に切り分けておく）
鉛筆、画用紙（Ａ３）、赤い折り紙、ハサミ、スティックのり

〈問題〉　①白い画用紙に鉛筆で自由に絵を描いてください。絵がいっぱいになったら、紙の裏に描いても構いません。
②（問題31の右上の絵を渡す）
・青い紙に描かれた形を、線に沿って、はみ出さないようにハサミで切ってください。
（問題31の左の絵を渡す）
・今渡した紙の白いところに、ハサミで切った形を貼ってください。紙を貼る時は、スティックのりを使ってください。
③（問題31の右下の絵を渡す）
・赤い折り紙をちぎって、黄色いところからはみ出さないように貼ってください。紙を貼る時は、スティックのりを使ってください。

〈時間〉　適宜

〈解答〉　省略

［2018年度出題］

学習のポイント

例年と同様に基本的な課題ですが、本年度は色を塗る課題ではなく、紙を手でちぎる課題とスティックのりを扱う課題が出題されました。傾向が変わったというほどの大きな変化ではありませんので、本年度出題された課題にこだわらず、幅広く練習を進めてください。このような課題では、上手にできたかどうかだけでなく、積極的に取り組んでいるか、道具を適切に使用できているかも観られています。道具の使い方が上手ならば、作品もきれいに仕上がりますし、それが次の課題への積極性にもつながります。このように、それぞれの観点は互いに関わりあっていますので、お子さま得意なところから始めて、練習する内容を広げていくとよいでしょう。

【おすすめ問題集】
実践 ゆびさきトレーニング①・②・③、Ｊｒ・ウォッチャー22「想像画」、23「切る・貼る・塗る」

京都教育大学附属京都小中学校　専用注文書

年　　月　　日

合格のための問題集ベスト・セレクション

＊入試頻出分野ベスト３

1st　図　形
観察力　思考力　集中力

2nd　推　理
思考力　観察力

3rd　常　識
知識　公衆

ペーパー、制作、口頭試問、運動、行動観察とさまざまな形での課題があります。ペーパーテストでは、図形、推理を中心に思考力を問われる問題が多く見られ、時折、難問も見受けられます。

分野	書　名	価格(税抜)	注文	分野	書　名	価格(税抜)	注文
図形	Ｊｒ・ウォッチャー２「座標」	1,500円	冊	図形	Ｊｒ・ウォッチャー46「回転図形」	1,500円	冊
図形	Ｊｒ・ウォッチャー３「パズル」	1,500円	冊	言語	Ｊｒ・ウォッチャー49「しりとり」	1,500円	冊
図形	Ｊｒ・ウォッチャー９「合成」	1,500円	冊	巧緻性	Ｊｒ・ウォッチャー51「運筆①」	1,500円	冊
常識	Ｊｒ・ウォッチャー12「日常生活」	1,500円	冊	巧緻性	Ｊｒ・ウォッチャー52「運筆②」	1,500円	冊
言語	Ｊｒ・ウォッチャー17「言葉の音遊び」	1,500円	冊	図形	Ｊｒ・ウォッチャー54「図形の構成」	1,500円	冊
言語	Ｊｒ・ウォッチャー18「いろいろな言葉」	1,500円	冊	常識	Ｊｒ・ウォッチャー55「理科②」	1,500円	冊
巧緻性	Ｊｒ・ウォッチャー22「想像画」	1,500円	冊	推理	Ｊｒ・ウォッチャー57「置き換え」	1,500円	冊
巧緻性	Ｊｒ・ウォッチャー23「切る・貼る・塗る」	1,500円	冊	言語	Ｊｒ・ウォッチャー60「言葉の音（おん）」	1,500円	冊
巧緻性	Ｊｒ・ウォッチャー24「絵画」	1,500円	冊		実践 ゆびさきトレーニング①・②・③	2,500円	各　冊
常識	Ｊｒ・ウォッチャー27「理科」	1,500円	冊		新口頭試問・個別テスト問題集	2,500円	冊
運動	Ｊｒ・ウォッチャー28「運動」	1,500円	冊		新ノンペーパーテスト問題集	2,600円	冊
観察	Ｊｒ・ウォッチャー29「行動観察」	1,500円	冊		新運動テスト問題集	2,200円	冊
推理	Ｊｒ・ウォッチャー33「シーソー」	1,500円	冊		1話5分の読み聞かせお話集①②	1,800円	各　冊
数量	Ｊｒ・ウォッチャー42「一対多の対応」	1,500円	冊				

合計	冊	円

（フリガナ） 氏　名	電　話 ＦＡＸ E-mail
住所　〒　　　－	以前にご注文されたことはございますか。 有　・　無

★お近くの書店、または記載の電話・FAX・ホームページにてご注文をお受けしております。
電話：03-5261-8951　FAX：03-5261-8953　代金は書籍合計金額＋送料がかかります。
※なお、落丁・乱丁以外の理由による商品の返品・交換には応じかねます。

★ご記入頂いた個人に関する情報は、当社にて厳重に管理致します。なお、ご購入の商品発送の他に、当社発行の書籍案内、書籍に関する調査に使用させて頂く場合がございますので、予めご了承ください。

日本学習図書株式会社
http://www.nichigaku.jp

〈附属桃山小学校〉

※問題を始める前に、本文１頁の「本書ご使用方法」「ご使用にあたっての注意点」をご覧ください。

保護者の方は、別紙の「家庭学習ガイド」「合格ためのアドバイス」を先にお読みください。
当校の対策および学習を進めていく上で、役立つ内容です。ぜひ、ご覧ください。

2020年度の最新問題

問題32　分野：口頭試問（図形）　聞く 考え

〈準　備〉　○、△、□の形のカードを各５枚程度

〈問　題〉　**この問題は絵を参考にしてください。**
（カードを渡して、問題31①を見せる）
お手本と同じ形を作ってください。
（問題31②を見せる）
次の形を作ってください。

〈時　間〉　各１分

〈解　答〉　省略

学習のポイント

お手本を見ながら作ることができるので、難しい問題ではありません。ただ、口頭試問形式で行われる意味を考えてください。先生は出来上がった形だけを見て評価するわけではありません。どうやって形を作ったのかまでしっかり観ています。「お手本をじっくり見てから作る子」「まず手を動かして作り始める子」など、お子さまによって、さまざまな方法で形を作りますが、それを含めて「全体を評価」するわけです。もちろん、そうした作り方に正しい方法はありません。「完成形を頭にイメージして作る子」も「試行錯誤しながら作る子」も、どちらも正解なのです。お子さまなりに一生懸命考えながら作る様子を先生は観ていてくれます。ですから、型にはめ込むのではなく、お子さまのやりやすい方法で学習を進めてください。保護者の方は、それをしっかりと見守っていてあげるようにしましょう。

【おすすめ問題集】
新口頭試問・個別テスト問題集、Ｊｒ・ウォッチャー３「パズル」、
54「図形の構成」

問題33　分野：口頭試問（常識）　知識 話す

〈準　備〉　あらかじめ問題33の絵を線に沿って切り分けてカードにしておく。

〈問　題〉　（カードを渡す）
①この８枚のカードを、２つのグループに分けてください。
②なぜそう分けたのですか。教えてください。

〈時　間〉　分ける：30秒　話す：１分

〈解　答〉　省略

学習のポイント

解答の一例として、魚類（サメ、キンギョ、ウナギ、メダカ）と哺乳類（ラッコ、イルカ、クジラ、オットセイ）という分け方ができます。ただ、あくまでも一例としてとらえるようにしてください。海に棲む生きものと川（池、沼）に棲む生きものという分け方もできます。本問のポイントになるのは、②の「なぜそう分けたのですか」というところです。答えの根拠を示すという意味はもちろんですが、お子さまならではの発想や意外性のある切り口を見つけることができるからです。仲間分けの問題に正解はありますが、そうではない違った答えを発見することは、発展的な学習にもつながります。こうした問題を通じて、お子さまの学習意欲を刺激してあげましょう。

【おすすめ問題集】
　新口頭試問・個別テスト問題集、Ｊｒ・ウォッチャー11「いろいろな仲間」

問題34　分野：行動観察

聞く　集中

〈準備〉　丸、三角、四角の積み木（色のついたもの）

〈問題〉　この問題の絵はありません。
積み木でお城を作りましょう。ただし、いくつかお約束があるので、そのお約束を守って作ってください。
①丸い積み木を使わないで作ってください。
②次は、三角の積み木を使わないで作ってください。
③次は、赤い積み木を使わないで作ってください。
④最後は、すべての積み木を使ってできるだけ高く積んでください。

〈時間〉　適宜

〈解答〉　省略

学習のポイント

積み木でお城を作るという課題ではありますが、上手に作れるかどうかは大きな問題ではありません。お約束を守れているかどうかが、大切なポイントになります。もっとかみ砕いて言えば、「話をしっかり聞いているか」「理解して行動できているか」という点が観られているのです。話を聞けないということは、入学後の集団行動において和を乱す可能性があると判断されます。当校のようにペーパーテストが実施されていない学校では、指示の理解が評価のすべてと言っても過言ではありません。ノンペーパーテストでは、結果ではなく過程が重視されます。保護者の方は、そうしたことをしっかりと理解して、お子さまの指導にあたるようにしてください。

【おすすめ問題集】
　Ｊｒ・ウォッチャー29「行動観察」

2019年度以前の過去問題

問題35　分野：口頭試問

話す　知識

〈準備〉　カモメ（鳥）のぬいぐるみ、ウサギのぬいぐるみ

〈問題〉　**この問題の絵はありません。**
①（カモメのぬいぐるみ、ウサギのぬいぐるみを見せながら）
カモメは魚が大好きです。ウサギは草が大好きです。でもカモメは草を、ウサギは魚を見たことがありません。それぞれにわかるように教えてあげてください。
②海はとても広いところだそうですね。海について、カモメになったつもりでウサギに教えてあげてください。

〈時間〉　適宜

〈解答〉　省略

学習のポイント

このような質問に答えるためには、ものごとについてのしっかりした理解はもちろん、相手に伝わるように言葉を選んで表現する語彙力・表現力が必要です。いずれも、一朝一夕で身に付くものではありません。ふだんから、親子間のコミュニケーションを通して知識を深め、語彙力・表現力を磨いていくことを心がけてください。語彙を増やすために言葉を教えてあげることも大切ですが、お子さまが何かを言おうとして言葉を探している時に、保護者が先回りして代弁したり、言葉を教えてばかりいては、語彙力も表現力もなかなか伸びてはいきません。お子さま自身で考える時間も与え、自ら学習していけるようにしてあげてください。なお、口頭試問のテストでは、受け答えの様子も評価の対象となります。姿勢を正し、先生の顔を見て、先生に聞こえるような声ではっきりお話しできるように練習しておきましょう。また、単語の言いっ放しで答えるのではなく、「それは○○です」「△△だからだと思います」などと、ていねいな言葉を使った礼儀正しい受け答えができるように指導してください。

【おすすめ問題集】
新口頭試問・個別テスト問題集

問題36　分野：口頭試問（昔話）

知識　話す

〈準備〉　問題36の絵を線に沿って切り離しておく。

〈問題〉　（絵を並べておく）
この中から同じ話の絵を２枚選んでください。選んだらその絵をお話の順番通りに並べて、そのお話をしてください。

〈時間〉　３分

〈解答〉　省略

学習のポイント

それぞれの話は「一寸法師」、「桃太郎」、「浦島太郎」です。ふだんの読み聞かせで一通り有名な昔話や童話に触れておくのもいいでしょう。語り継がれた物語には、何かしらの教訓があり、優れている部分、真似してはいけない部分など、そこからお子さまが感じ取るものがたくさんあるのです。また、ふだんの読み聞かせの時に、場面ごとに「どうなるかな」と質問することで、お子さまの想像力や発想力を高めることができるでしょう。

【おすすめ問題集】

新口頭試問・個別テスト問題集、１話５分の読み聞かせお話集①・②

問題37　分野：行動観察

聞く　集中

〈準 備〉　ビニールテープ（赤、黄、白）、マット、ボール、ボールを入れるかご、はしご、タンバリン、踊りに使う音源、再生機器

〈問 題〉　**この問題は絵を参考にしてください。**

（この問題は10人のグループで行う）

「今日は森のクマさんのお散歩に出かけましょう」

①赤い線の上を右足ケンケンで進み、黄色の線の上を左足ケンケンで進みましょう。

②マットの上をクマ歩きで進み、最後に前回りを１回してください。

③白い線に沿ってボールをつきながら歩きましょう。７回ついて、最後はカゴに入れてください。

「クマさんは、野原に着きました」

④音楽に合わせ、先生のお手本の通りに踊りましょう。

「クマさんは木に登ります」

⑤はしごを登って上にあるタンバリンを１回叩き、降りてきてください。

⑥終わったら三角座りで待ちましょう。

〈時 間〉　適宜

〈解 答〉　省略

学習のポイント

このような課題では、まずは先生の指示をしっかりと聞いて課題に取り組むことが大切です。指示の内容を理解しているか、指示を守っているか、積極的に行動しているか、ふざけずにまじめに取り組んでいるか、途中であきらめたり放り出したりしないかなど、評価のポイントは多岐に渡ります。これらは、お子さまが学校生活を営んでいく上で、また学級運営を円滑に進める上で大切となってくる資質です。日常生活を通してお子さま自身が自然に身に付けていけるように、家庭内での協調的行動（みんなで何かを作る作業など）や、お友だちとの遊びの時間を大切にしてください。また、このような課題では、待機中の態度も観られます。指定の場所を勝手に離れたり、ほかの子の邪魔をしたりといったことのないよう、しっかりと課題に集中するよう指導しておいてください。

【おすすめ問題集】

Ｊｒ・ウォッチャー29「行動観察」

問題38　分野：口頭試問（推理）

考え

〈準備〉　あらかじめ問題38－1の絵を線に沿って切り分け、4枚のカードにしておく。

〈問題〉　（問題38－1のカードを渡し、38－2の絵を見せる）
動物たちがシーソーを使って重さ比べをしたら、この絵のようになりました。
動物たちのカードを、左から、重い順に並べてください。

〈時間〉　1分

〈解答〉　（左から）サイ、クマ、カバ、ゾウ

学習のポイント

シーソーを使って重さを比べる問題は、当校に限らず小学校入試において頻出です。まずは、シーソーでは「重ければ下がる（軽ければ上がる）」「重さが同じであれば釣り合う」という法則があることをお子さまが理解しているか、確認しましょう。その上で、本問のような問題の練習に取り組んでください。問題を解く際は、まずそれぞれのシーソーを見比べて、常に下がっているところにあるもの（1番重いもの）と、常に上がっているところにあるもの（1番軽いもの）を見つけます。この2つを見つけたら、残ったものの重さを比べると、すべてを重さの順に並べることができます。重さの順に並べることができたら、あとは指示通りに答えるだけです。シーソーの問題を練習する際には、重さの順に並べてから答えを探すようにすると、ものを比較する力が伸ばせるだけでなく、勘違いや見落としを減らせます。

【おすすめ問題集】
新口頭試問・個別テスト問題集、
Ｊｒ・ウォッチャー15「比較」、33「シーソー」、58「比較②」

問題39　分野：口頭試問（座標の移動）

聞く　集中

〈準備〉　おはじき1個

〈問題〉　①☆の場所におはじきを置いてください。
②おはじきを右に2つ、動かしてください。
③上に2つ、動かしてください。
④左に5つ、動かしてください。
⑤下に4つ、動かしてください。
⑥右に3つ、上に3つ、動かしてください。
⑦左に1つ、下に2つ、動かしてください。

〈時間〉　1分

〈解答〉　省略

学習のポイント

上下左右の弁別、数の把握ができていることが条件となります。いずれも、ふだんの生活を通して自然に理解していくのが望ましいでしょう。なんでも「あっち」「そっち」などの指示語ですませるのではなく、「本棚の上から〇番目」「食器棚の右側の棚にしまっておいて」など、位置や数を具体的な言葉で伝えるように、日常生活で保護者の方が指示する時の言葉を工夫してみてください。また、おはじきを座標で正確に動かすには、本問を使った反復練習が効果的です。指示を複雑にしてみたり、伝え方を変えてみたりと、さまざまなアレンジをしながら、繰り返し練習をしてください。正確に動かせるようになるだけでなく、指示を聞き取る力もアップします。

【おすすめ問題集】
Ｊｒ・ウォッチャー47「座標の移動」

問題40　分野：行動観察　聞く

〈準　備〉　四角いお盆の横に皿、マメを載せた皿、箸、箸箱、ナプキン、缶詰を置いておく。

〈問　題〉　この問題の絵はありません。
（出題者がその都度お手本を見せる）
①５つのマメを、お箸を使って空いているお皿に移しましょう。
②お箸を箸箱に片付けましょう。
③ナプキンを４つに折りたたみましょう。
④全部をお盆の上に置きましょう。

〈時　間〉　適宜

〈解　答〉　省略

学習のポイント

手先を使う細かい作業を、指示通りに行います。このような課題では、まずは指示を理解することから始めてください。手先の器用さ、ふだんどれだけ家庭の仕事のお手伝いをしているか、また、どれだけ身の周りのことを自分でしているかなども観点ですが、指示を理解していないとたとえうまく作業をしたところで、よい評価は得られないのです。小学校では、身の周りのことはすべて自分でしなければならないので、年齢相応にできているかどうかは、お子さまと学校の双方にとって重要です。試験対策としての器用さを磨く前に、小学校に進学するための基礎的な力としての箸使いやお片付けは、当たり前のこととしてできるようにしておきましょう。基本的に国立小学校の入試では、その時点の学力を観るものではなく、これまでの学びや今後の成長の見通しも見ているということを頭に入れておくとよいでしょう。

【おすすめ問題集】
Ｊｒ・ウォッチャー25「生活巧緻性」、29「行動観察」

京都教育大学附属桃山小学校　専用注文書

年　　月　　日

合格のための問題集ベスト・セレクション

＊入試頻出分野ベスト３

1st　常識
知識　聞く力　話す力

2nd　推理
観察力　聞く力　思考力

3rd　行動観察
協調性　聞く力

口頭試問形式のため、指示をよく聞き、適切な行動、問答ができるように練習をしてください。
ここ数年、出題傾向に変更はありません。行動観察は「集団の中でルールが守れるか」が大きな観点です。

分野	書名	価格(税抜)	注文	分野	書名	価格(税抜)	注文
常識	Ｊｒ・ウォッチャー 11「いろいろな仲間」	1,500 円	冊		小学校受験で知っておくべき 125 のこと	2,600 円	冊
常識	Ｊｒ・ウォッチャー 12「日常生活」	1,500 円	冊		新小学校受験 願書・アンケート文例集 500	2,600 円	冊
巧緻性	Ｊｒ・ウォッチャー 25「生活巧緻性」	1,500 円	冊		小学校受験に関する 保護者の悩み Q&A	2,600 円	冊
観察	Ｊｒ・ウォッチャー 29「行動観察」	1,500 円	冊				
観察	Ｊｒ・ウォッチャー 30「生活習慣」	1,500 円	冊				
	新口頭試問・個別テスト問題集	2,500 円	冊				
	新ノンペーパーテスト問題集	2,600 円	冊				

合計	冊	円

（フリガナ） 氏　名	電　話 ＦＡＸ E-mail
住　所　〒　　　－	以前にご注文されたことはございますか。 有　・　無

★お近くの書店、または記載の電話・FAX・ホームページにてご注文をお受けしております。
電話：03-5261-8951　FAX：03-5261-8953　代金は書籍合計金額＋送料がかかります。
※なお、落丁・乱丁以外の理由による商品の返品・交換には応じかねます。
★ご記入頂いた個人に関する情報は、当社にて厳重に管理致します。なお、ご購入の商品発送の他に、当社発行の書籍案内、書籍に関する調査に使用させて頂く場合がございますので、予めご了承ください。

日本学習図書株式会社
http://www.nichigaku.jp

問題1

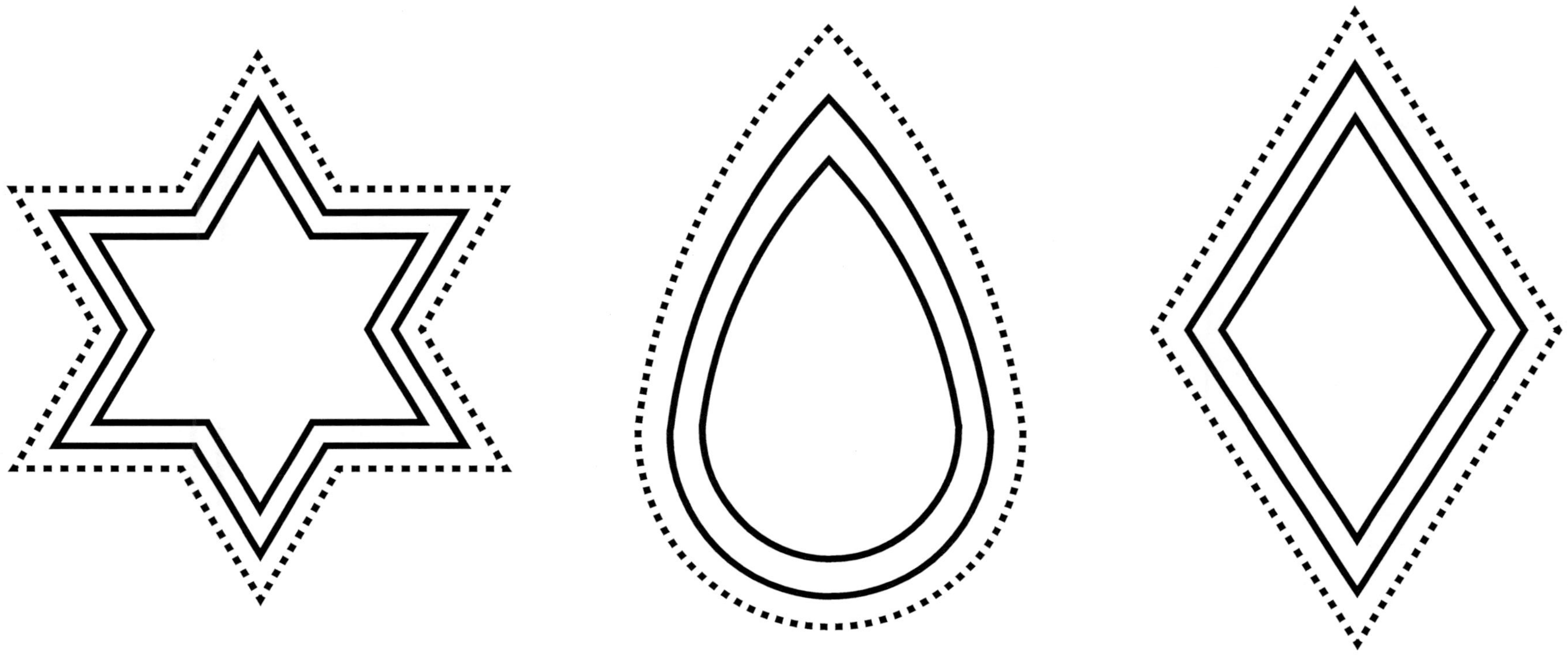

　

問題２

①

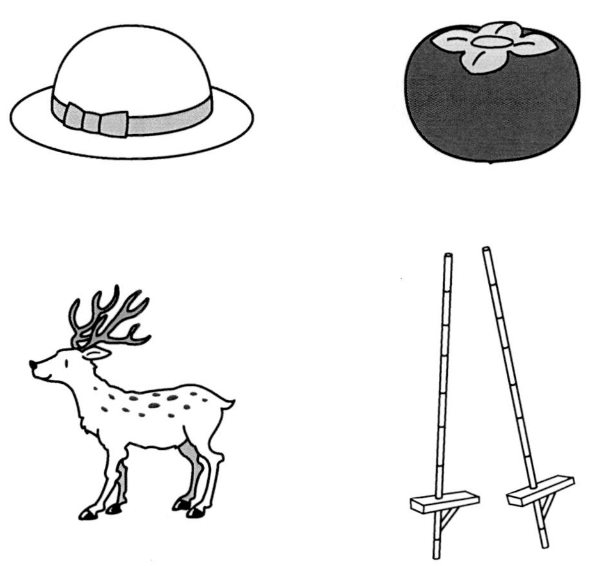

②

③

④

日本学習図書株式会社

問題 3

①

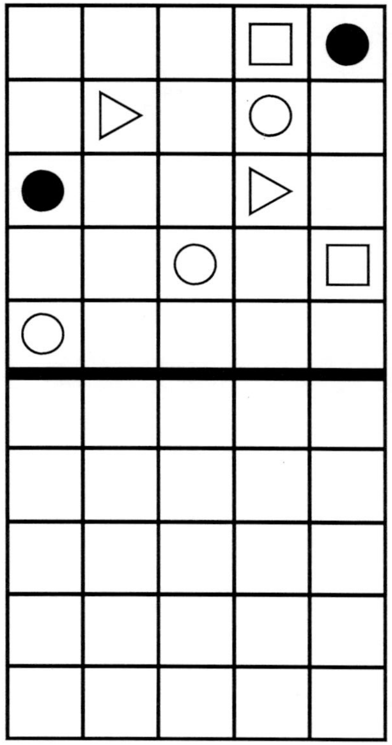

②

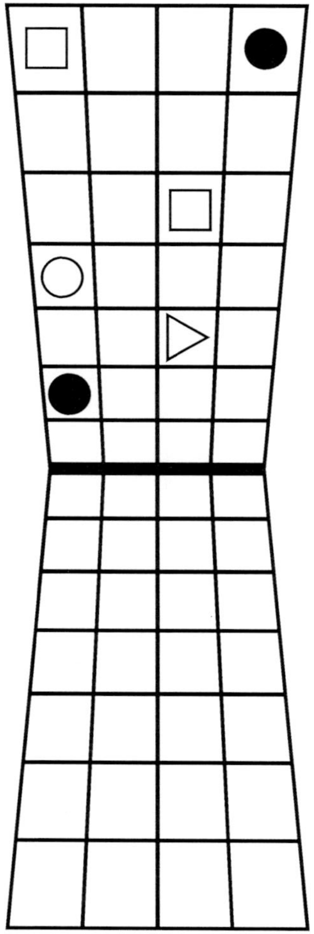

③

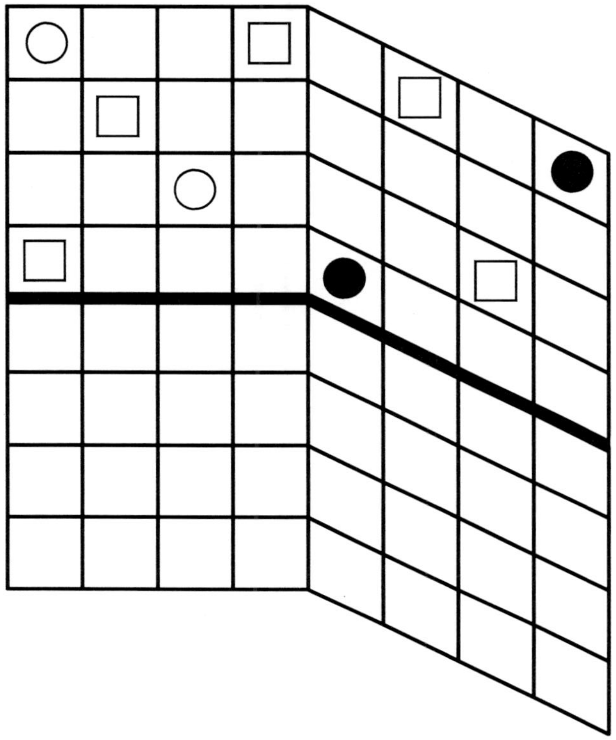

☆附属京都小中学校

問題4

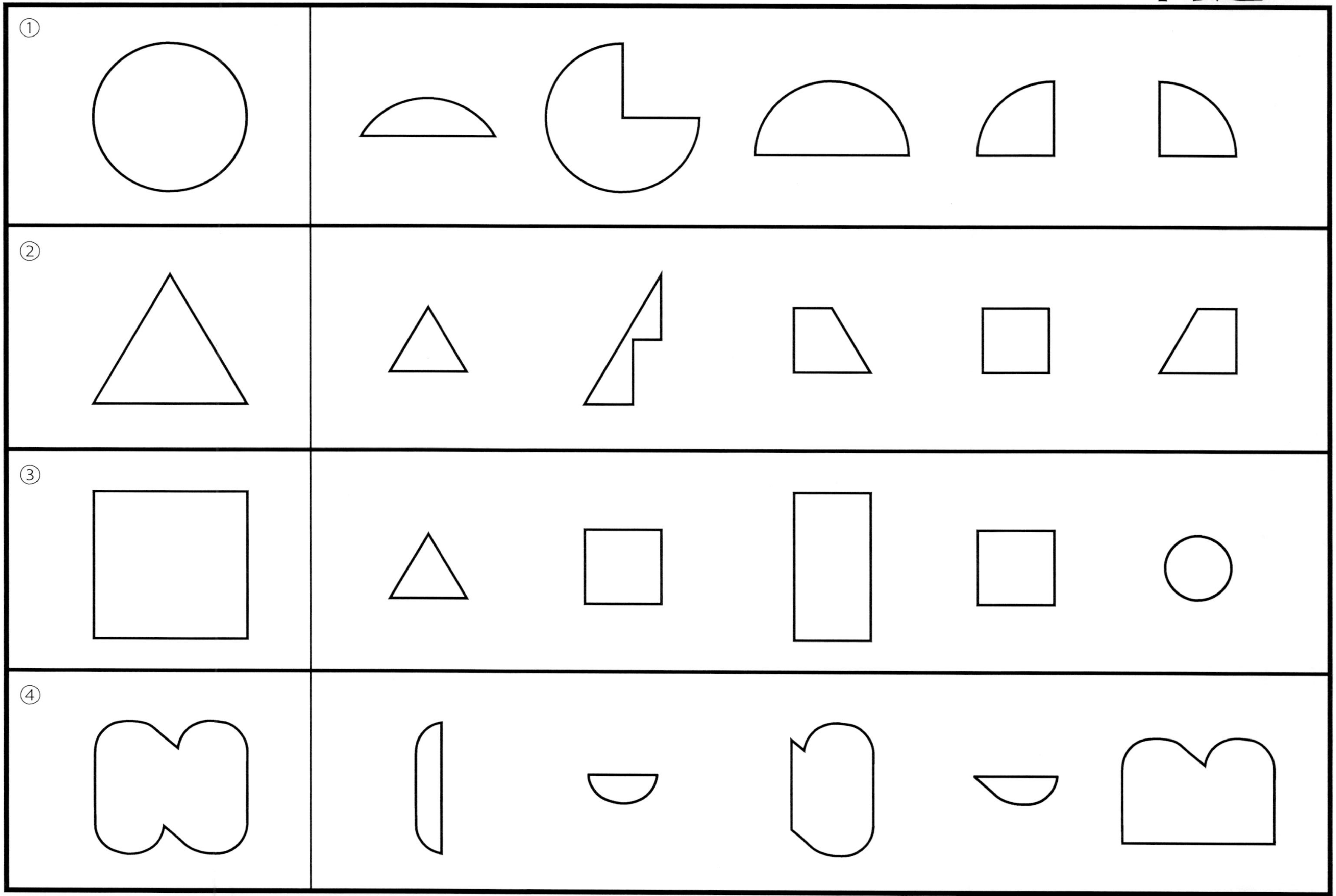

☆附属京都小中学校

問題5

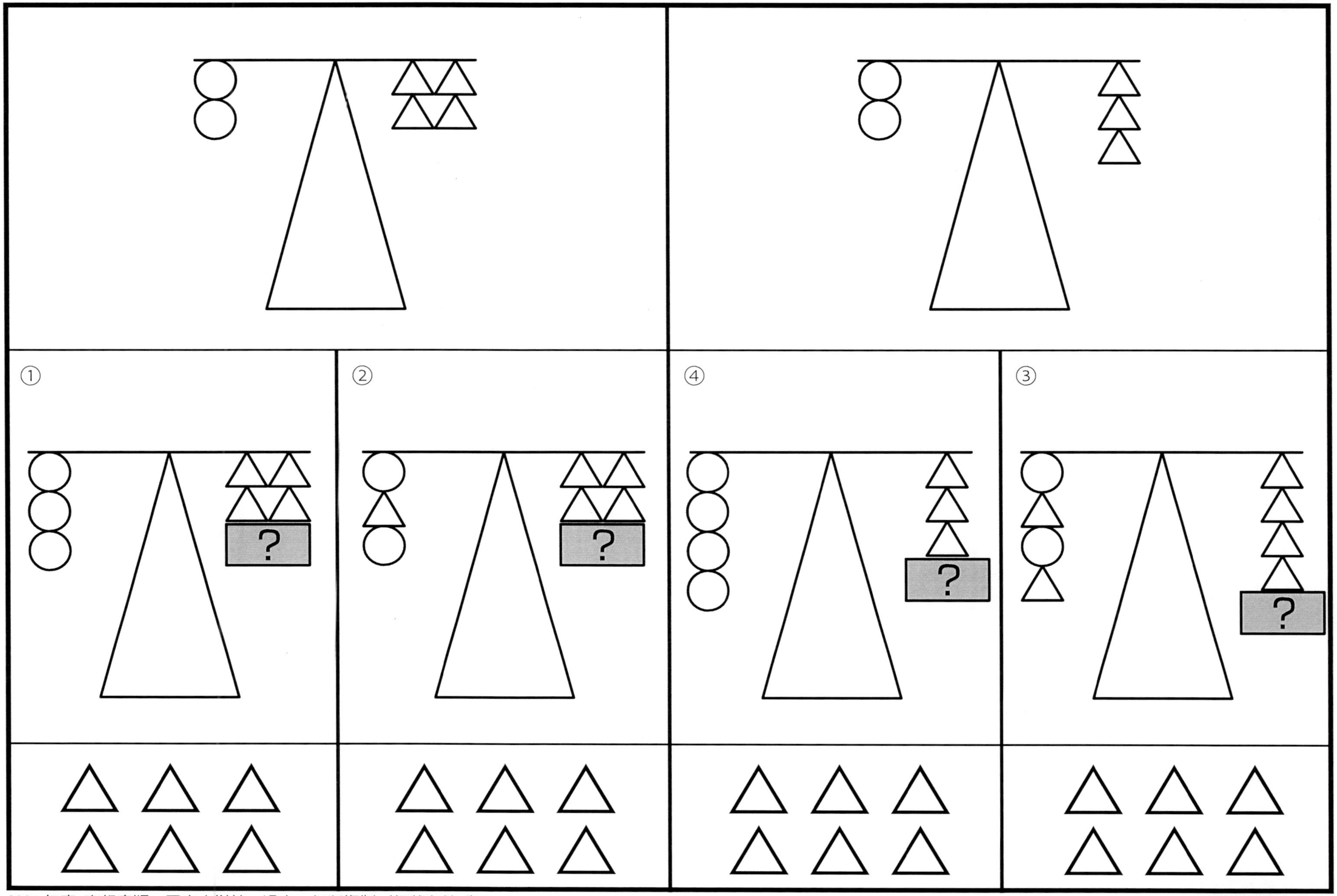

☆附属京都小中学校

2021年度 京都府版 国立小学校 過去 無断複製／転載を禁ずる 日本学習図書株式会社

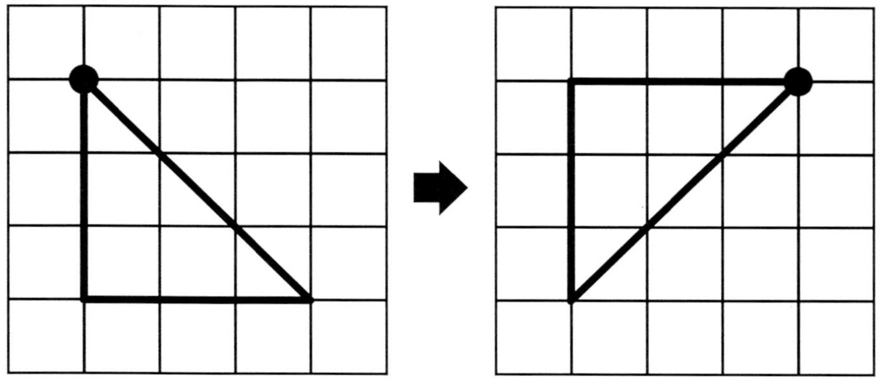

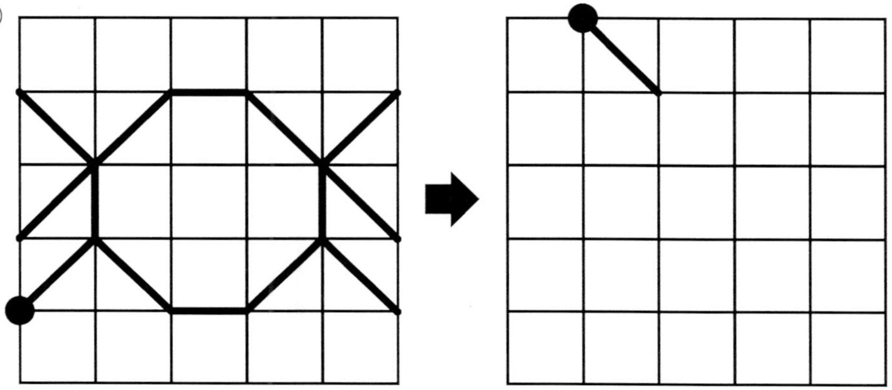

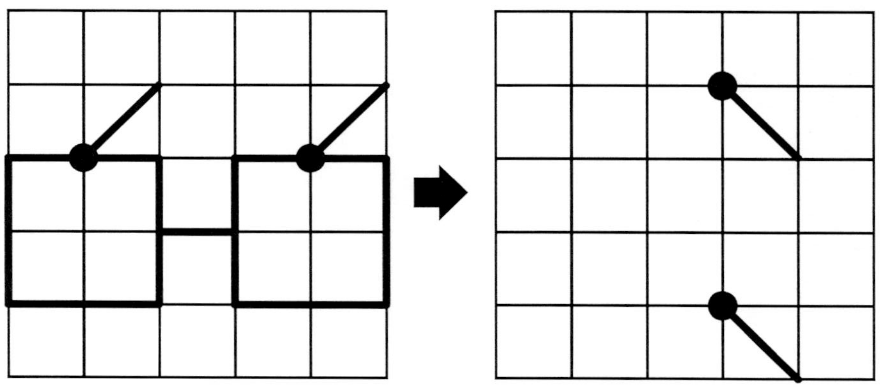

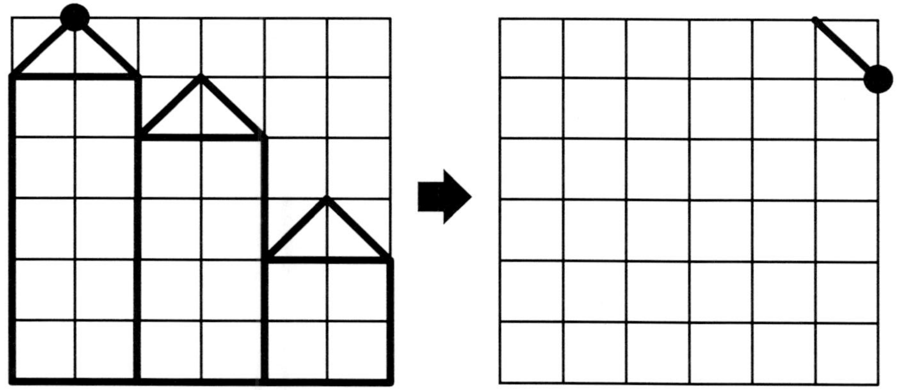

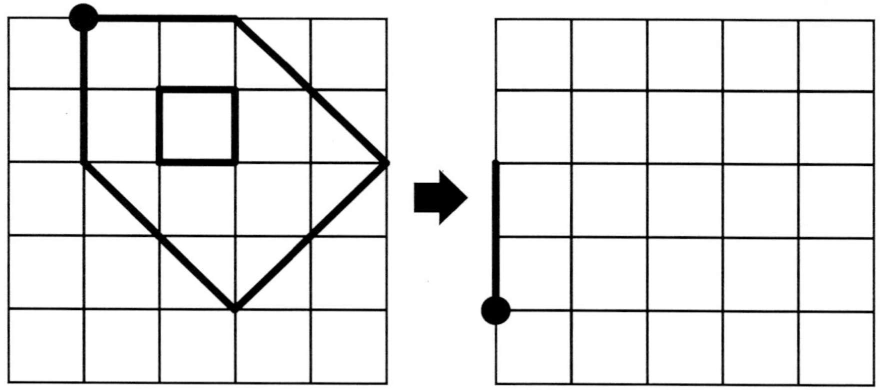

問題７－１

①

②

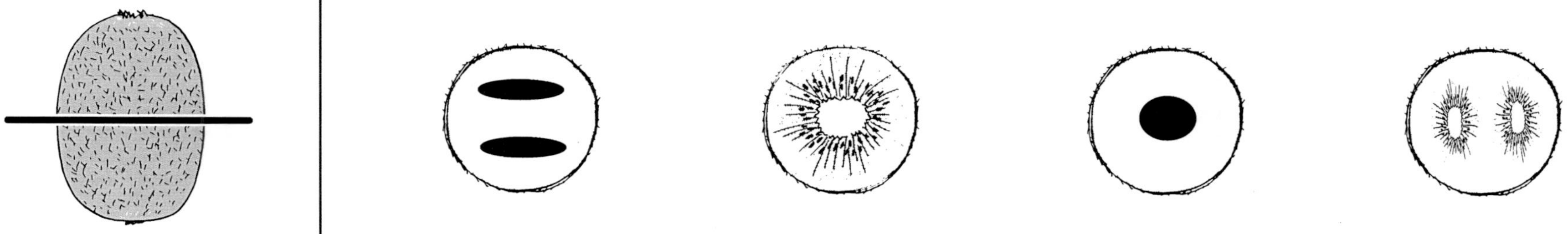

③

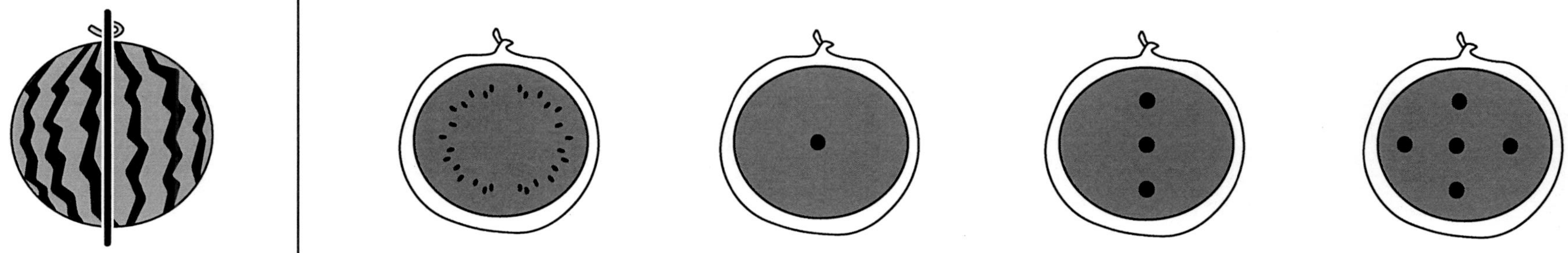

④

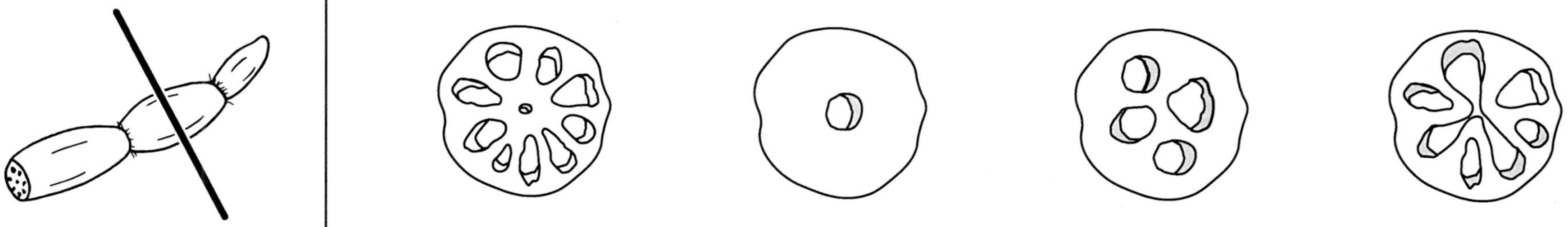

問題7－2

⑤

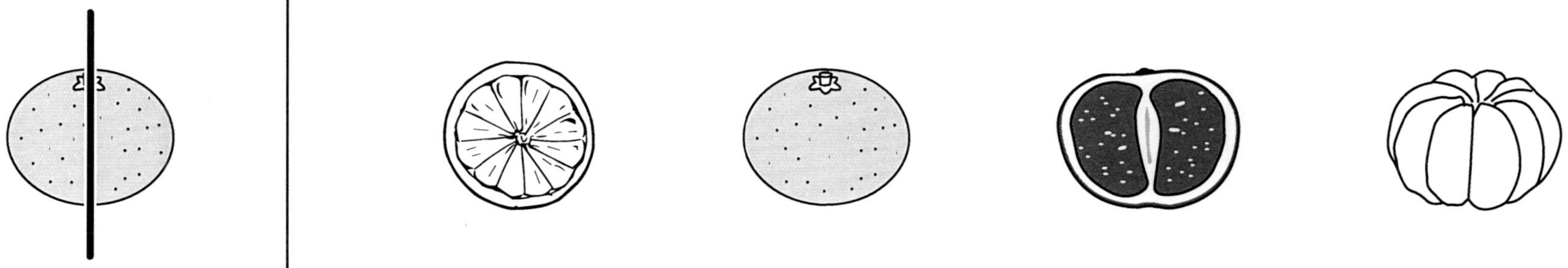

⑥

⑦

⑧

問題8

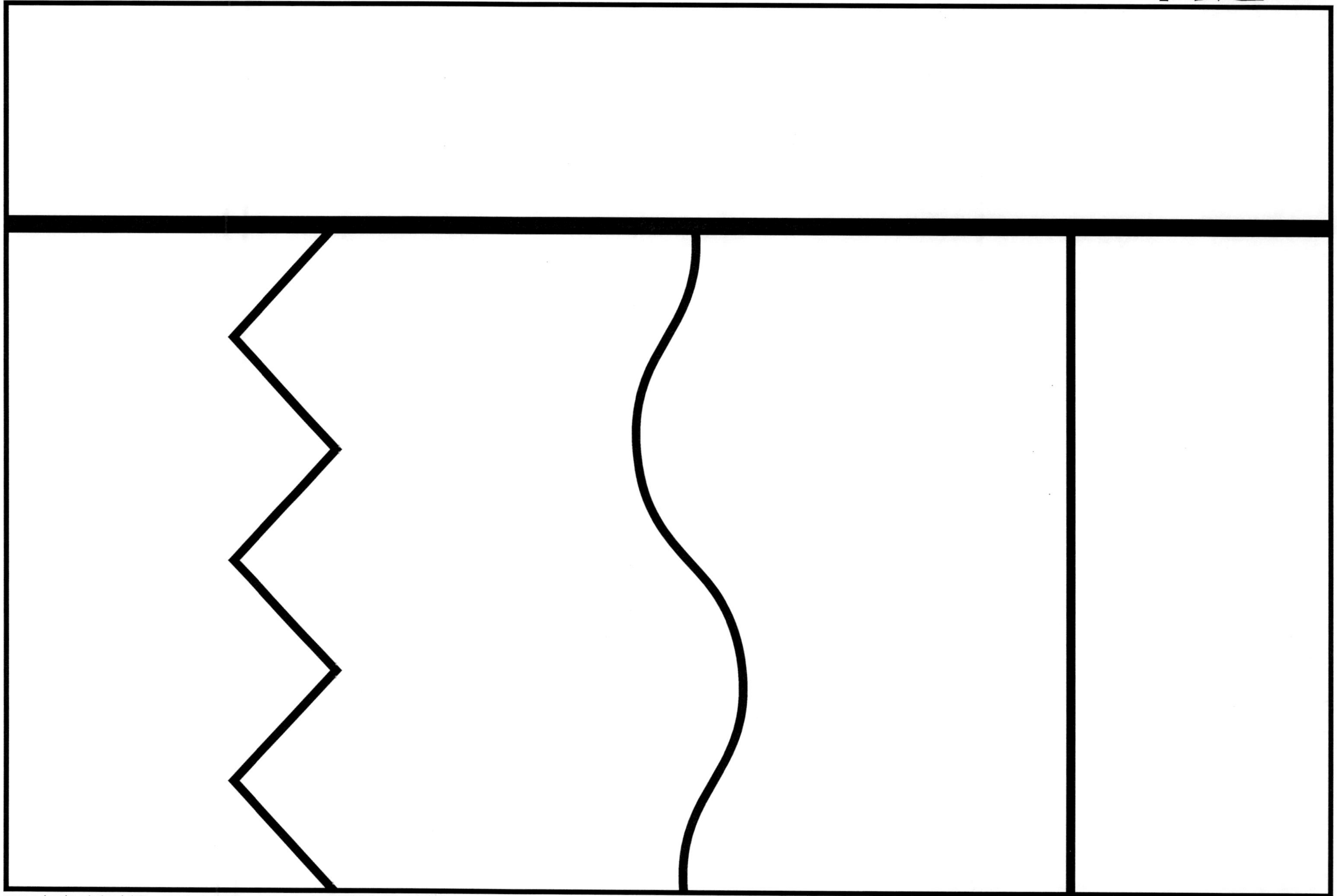

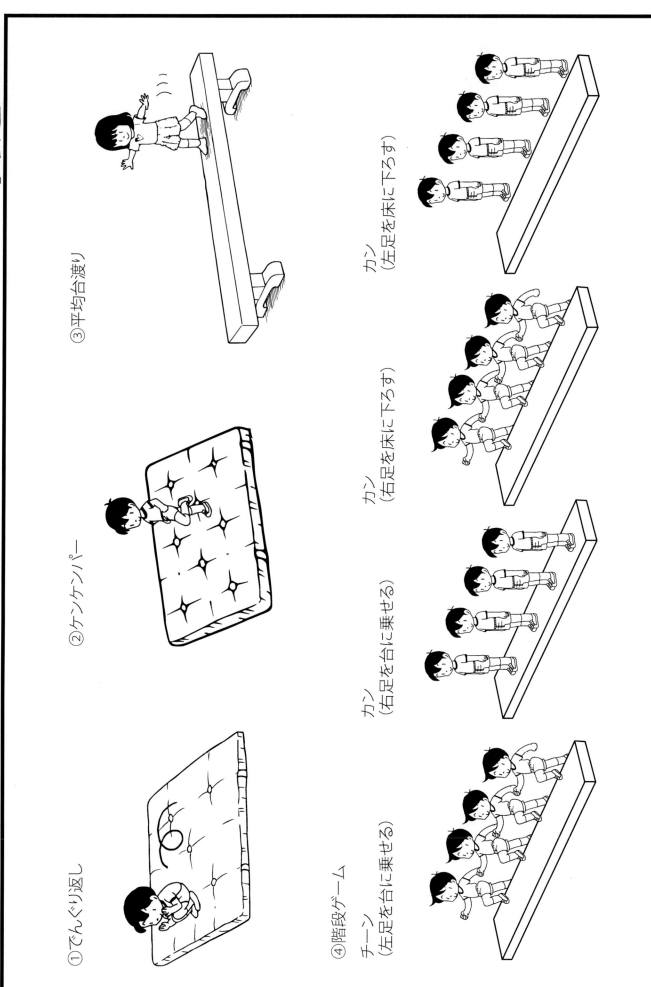

問題１０

①でんぐり返し

②ケンケンパー

③平均台渡り

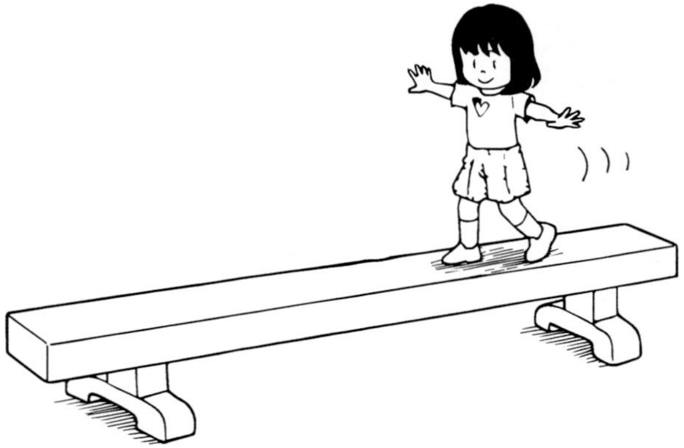

④階段ゲーム

チーン
（左足を台に乗せる）

カン
（右足を台に乗せる）

カン
（右足を床に下ろす）

カン
（左足を床に下ろす）

日本学習図書株式会社

☆附属京都小中学校

問題１２－１

①

②

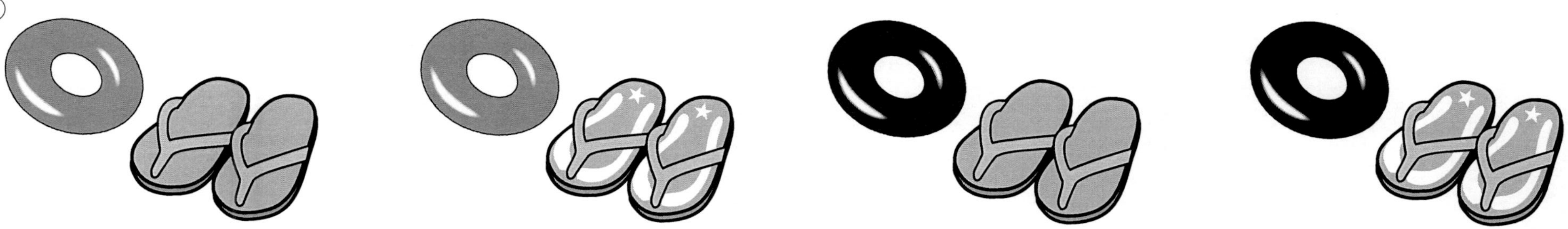

③

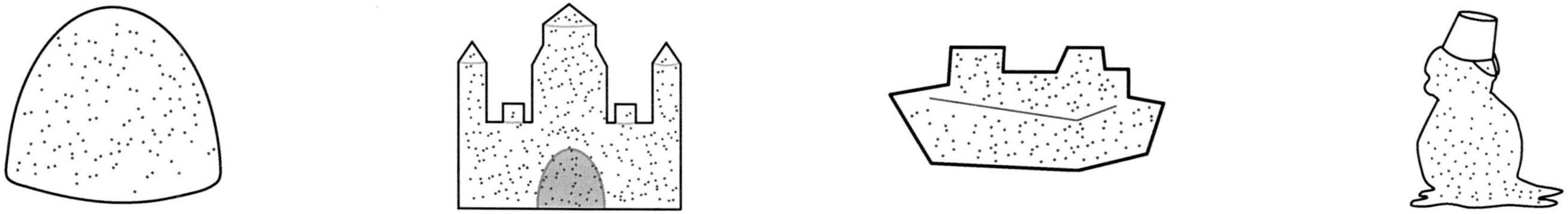

　

日本学習図書株式会社

☆附属京都小中学校

④⑤

⑥⑦2021年度 京都府版 国立小学校 過去 無断複製／転載を禁ずる 日本学習図書株式会社

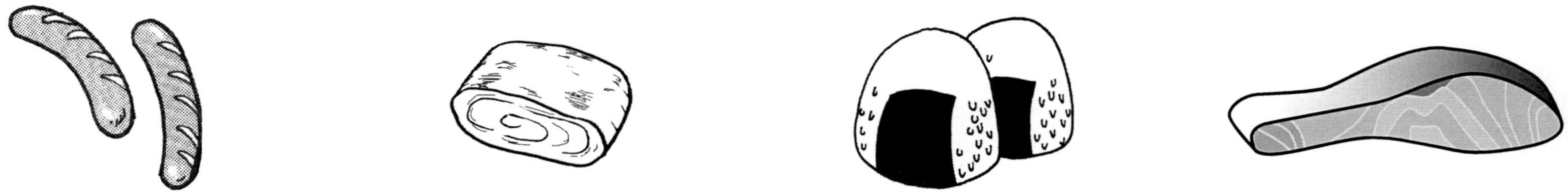

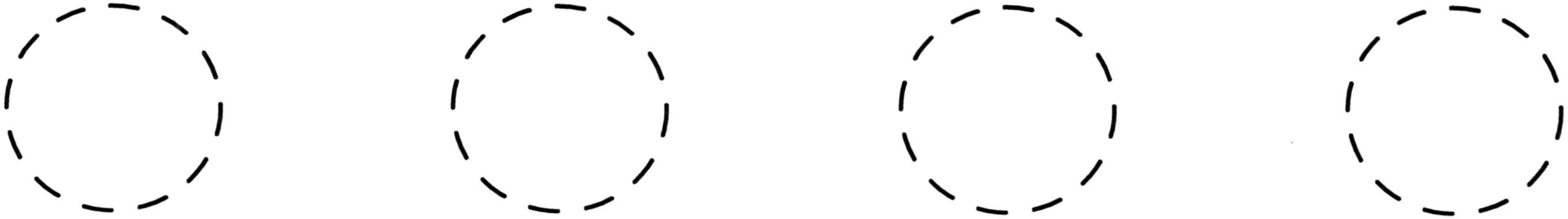

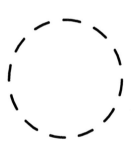

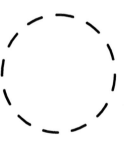

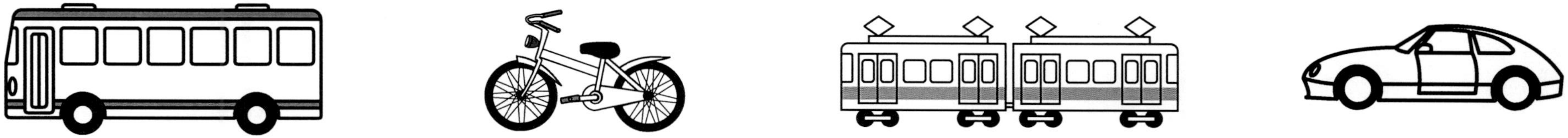

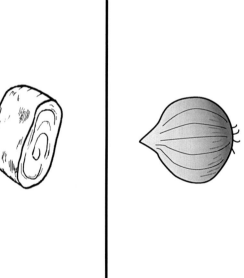

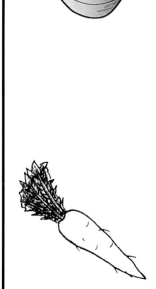

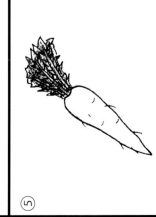

問題13－1

問題１３－２

⑤

⑥

⑦

③④⑤

日本学習図書株式会社　2021 年度 京都府版　国立小学校　過去　無断複製／転載を禁ずる

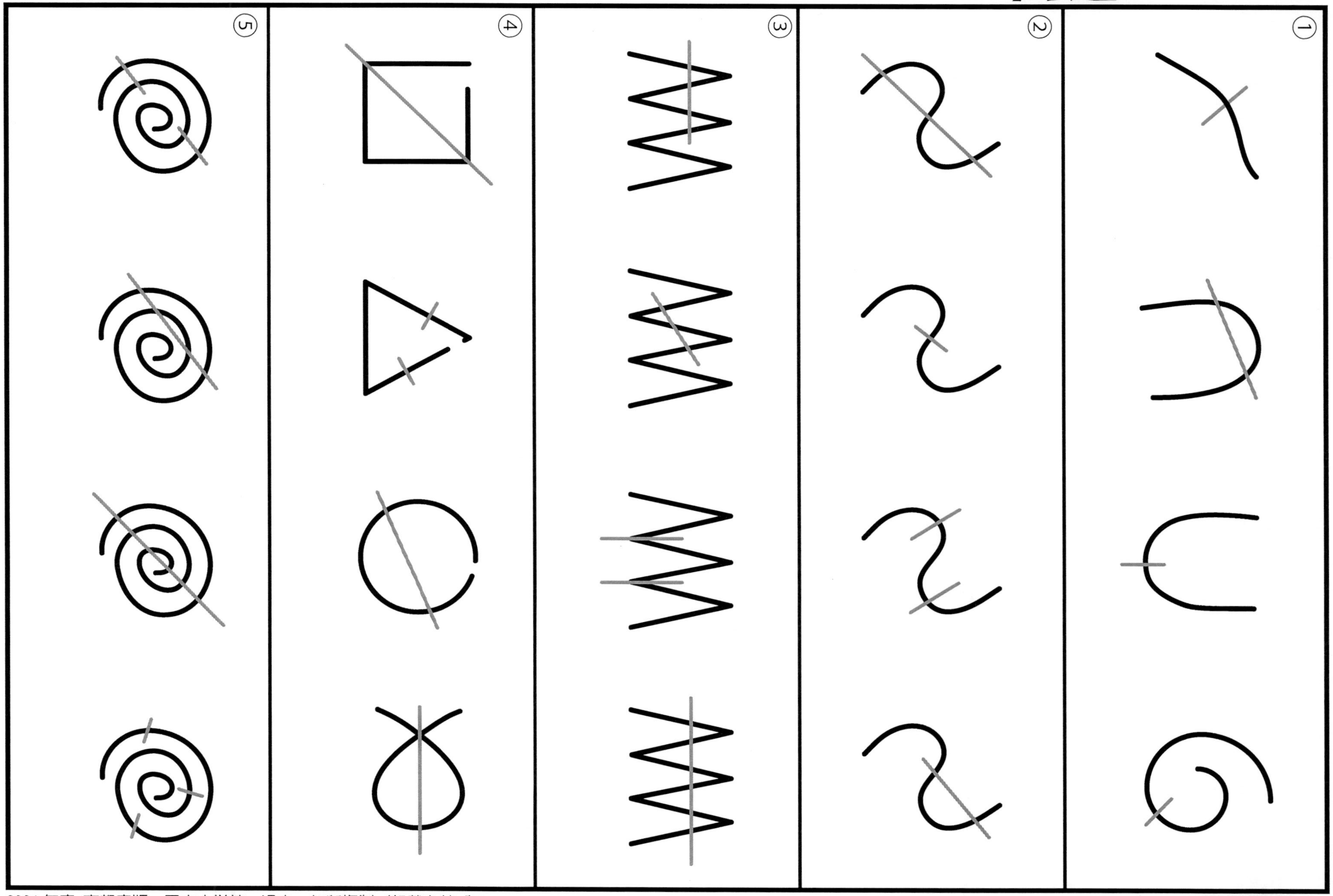

☆附属京都小中学校

問題１４－２

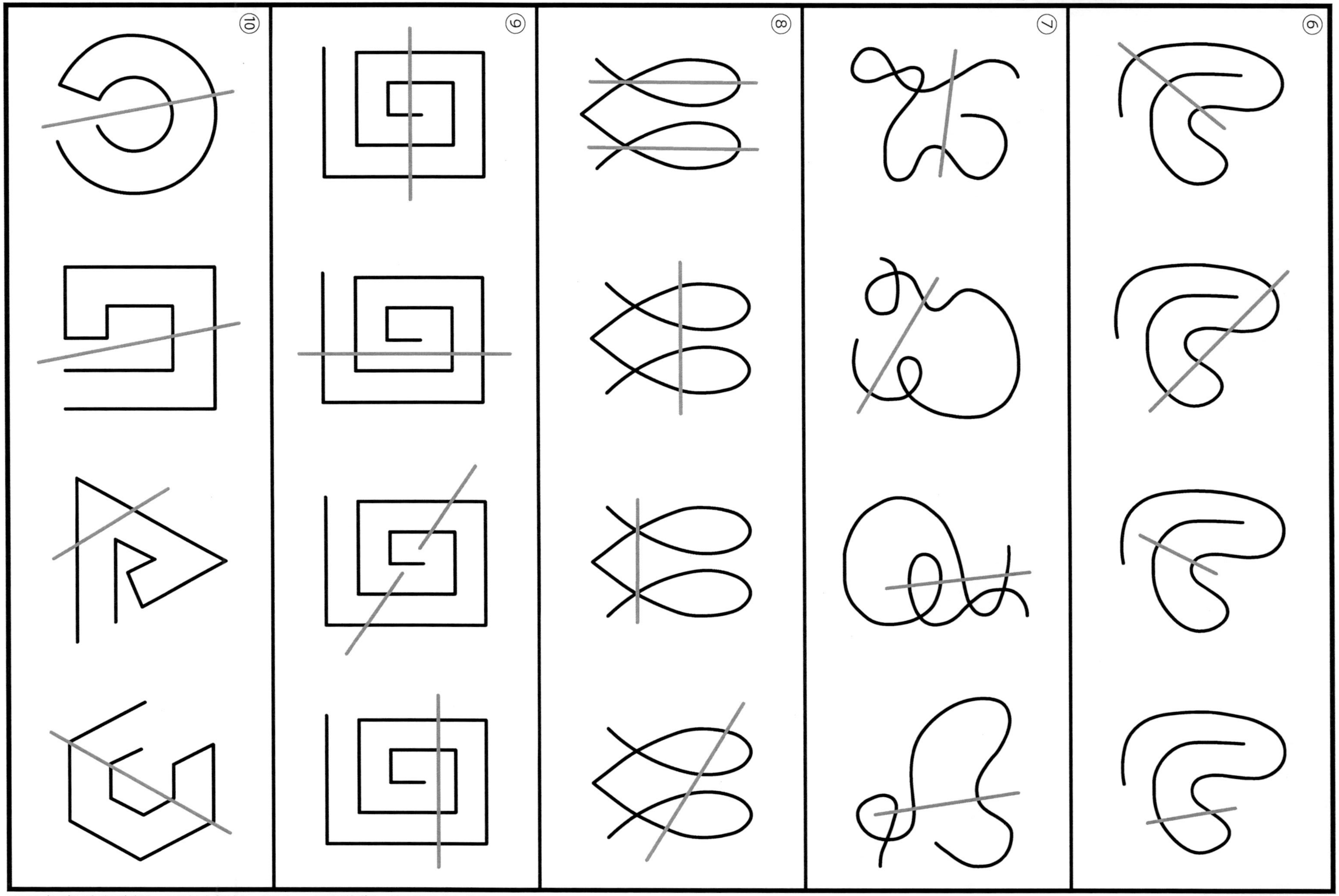

☆附属京都小中学校

問題１５－１

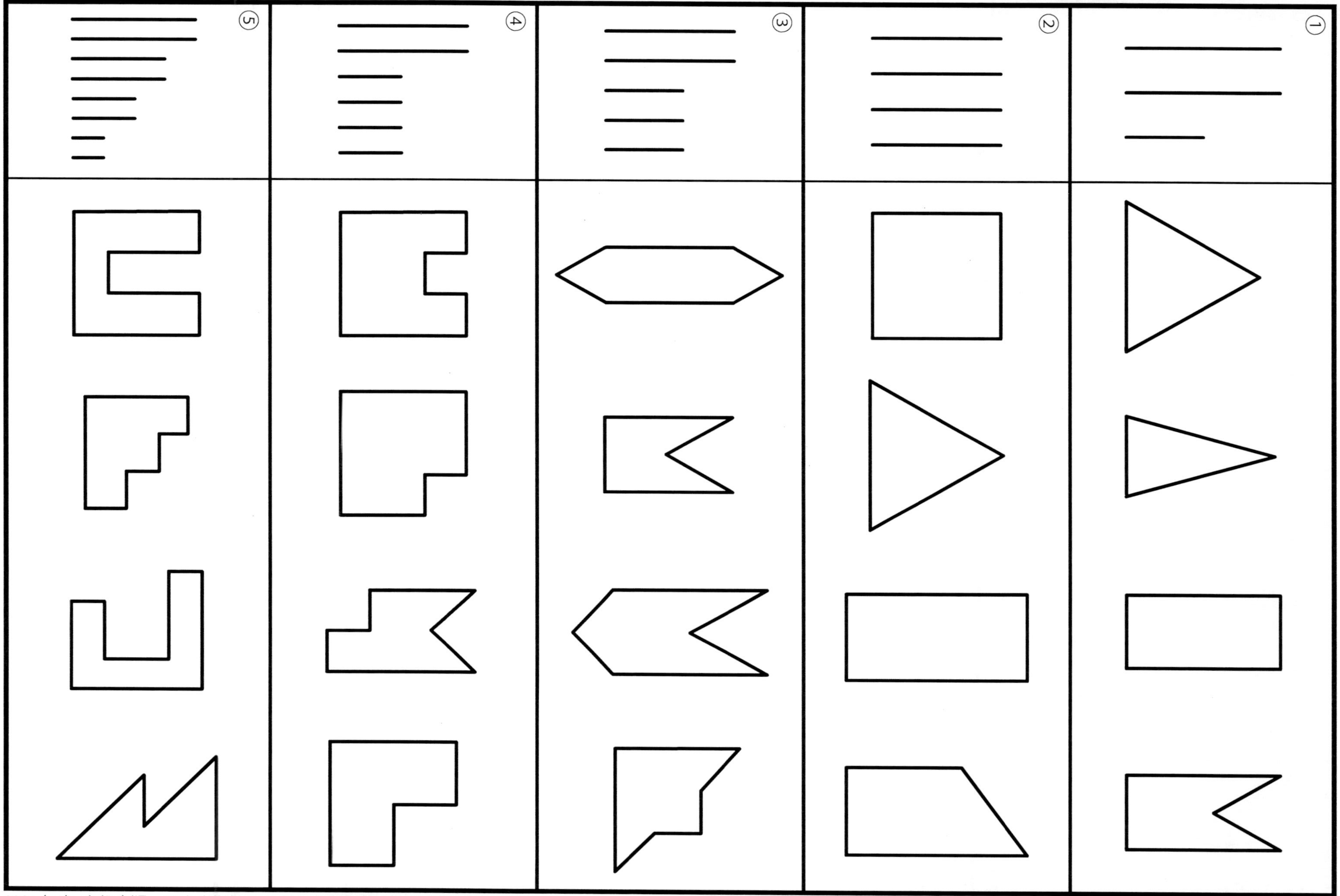

日本学習図書株式会社

問題１５－２

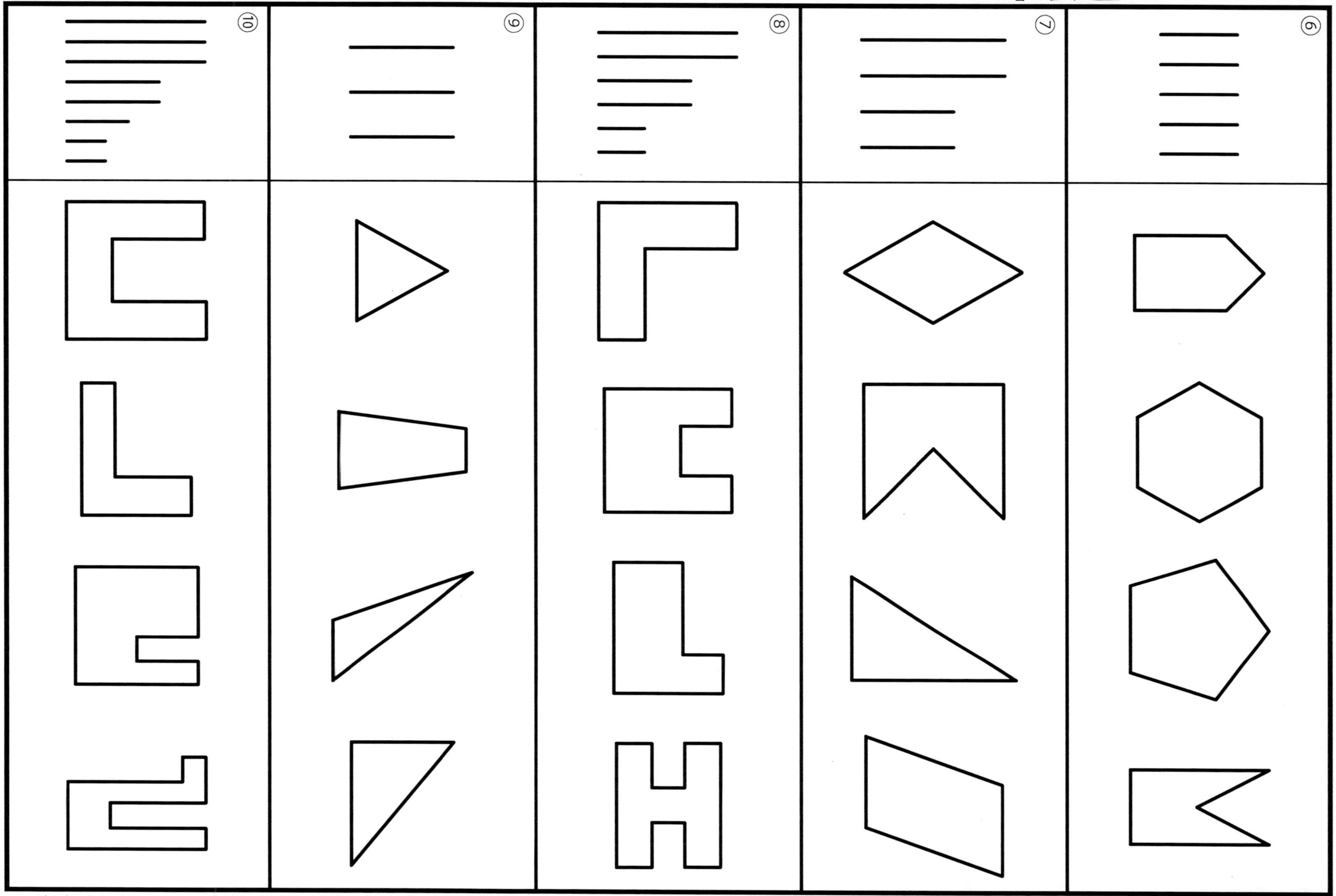

問題１６

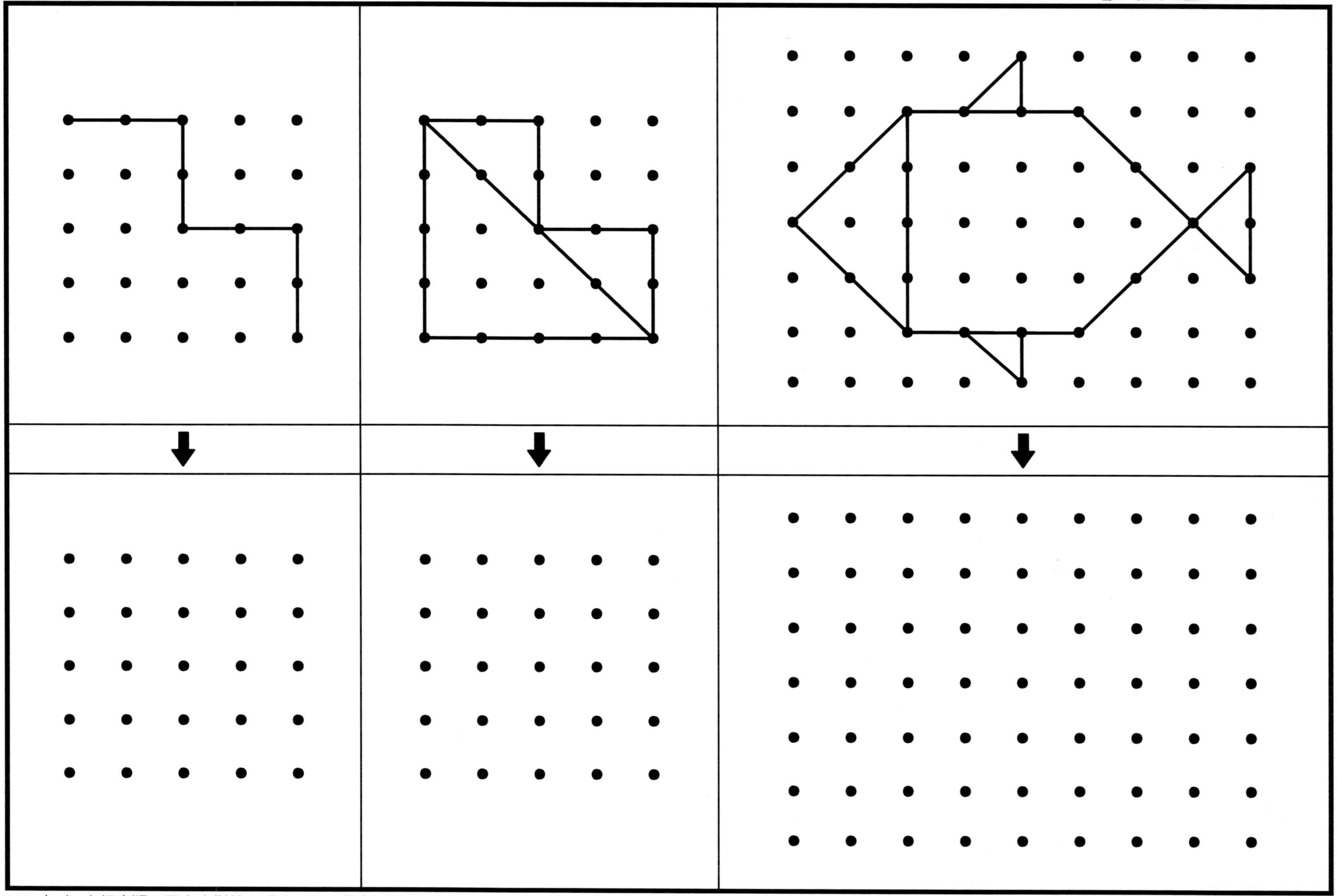

日本学習図書株式会社

問題17

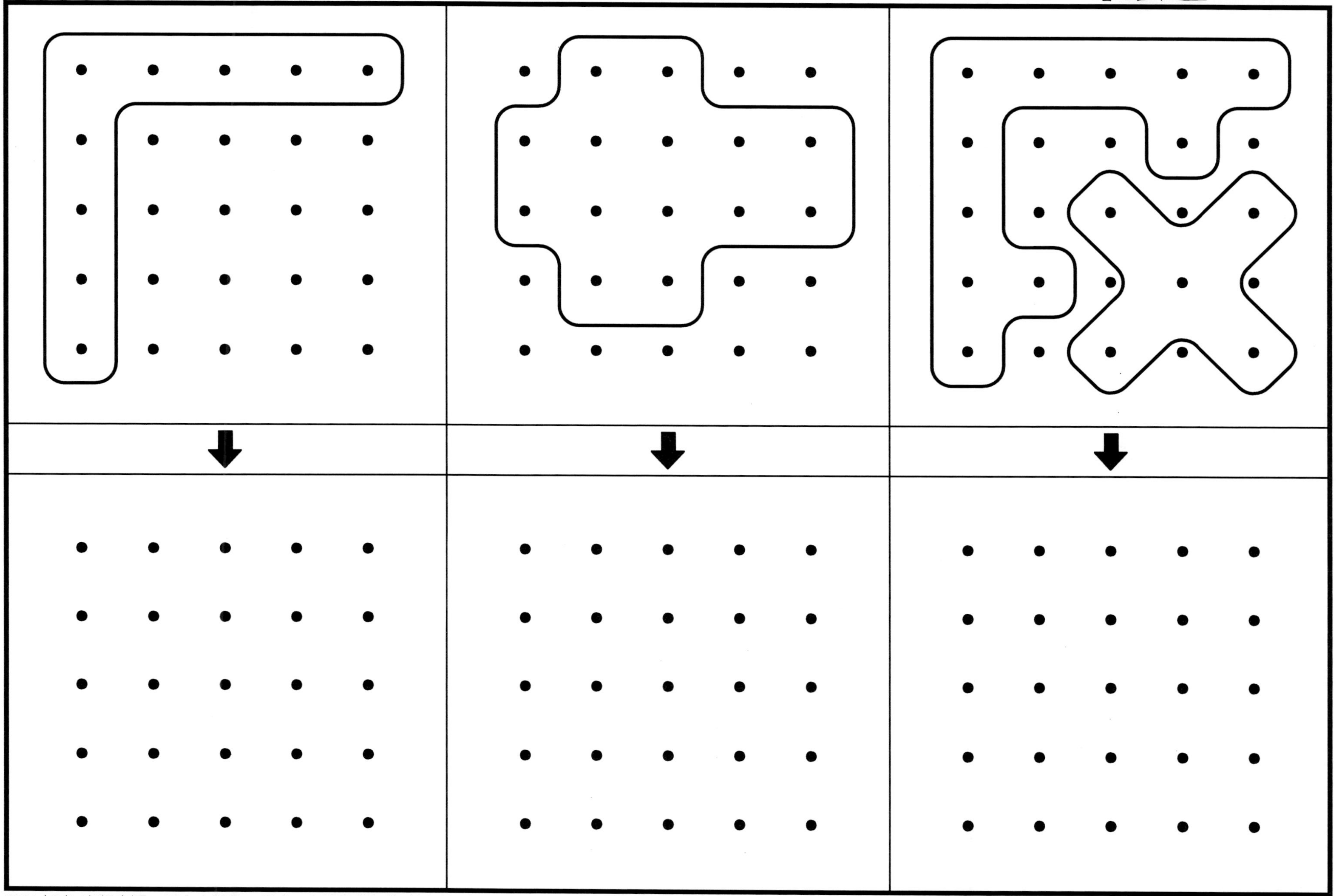

問題１８－１

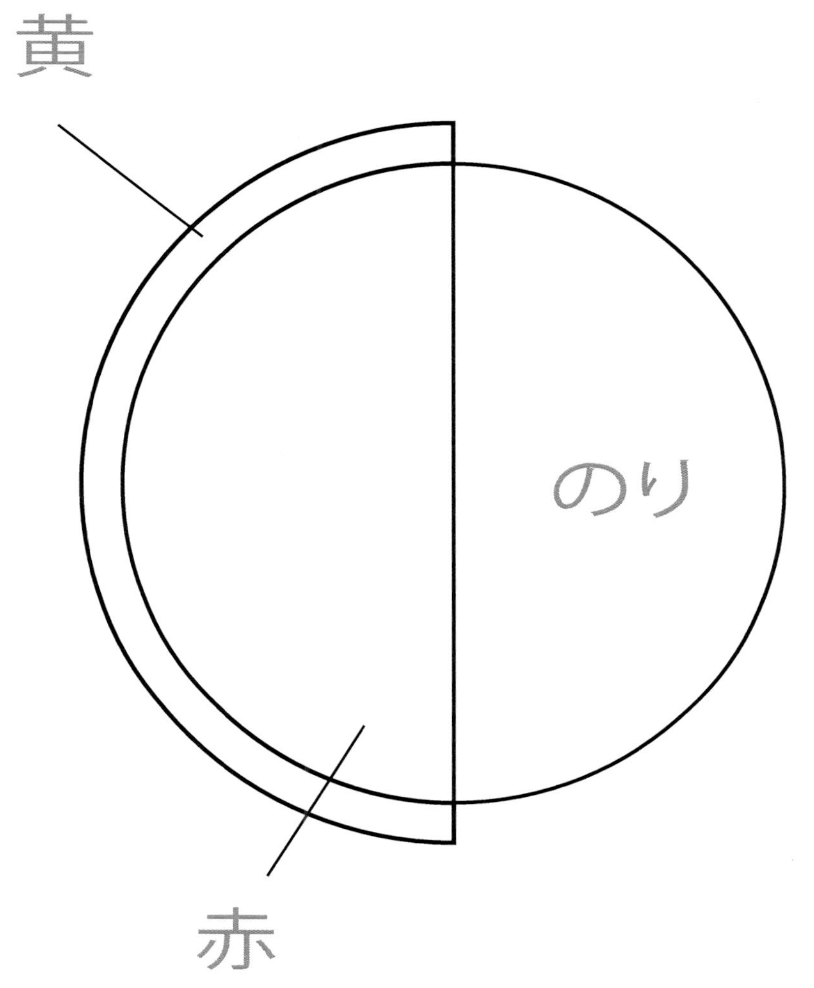

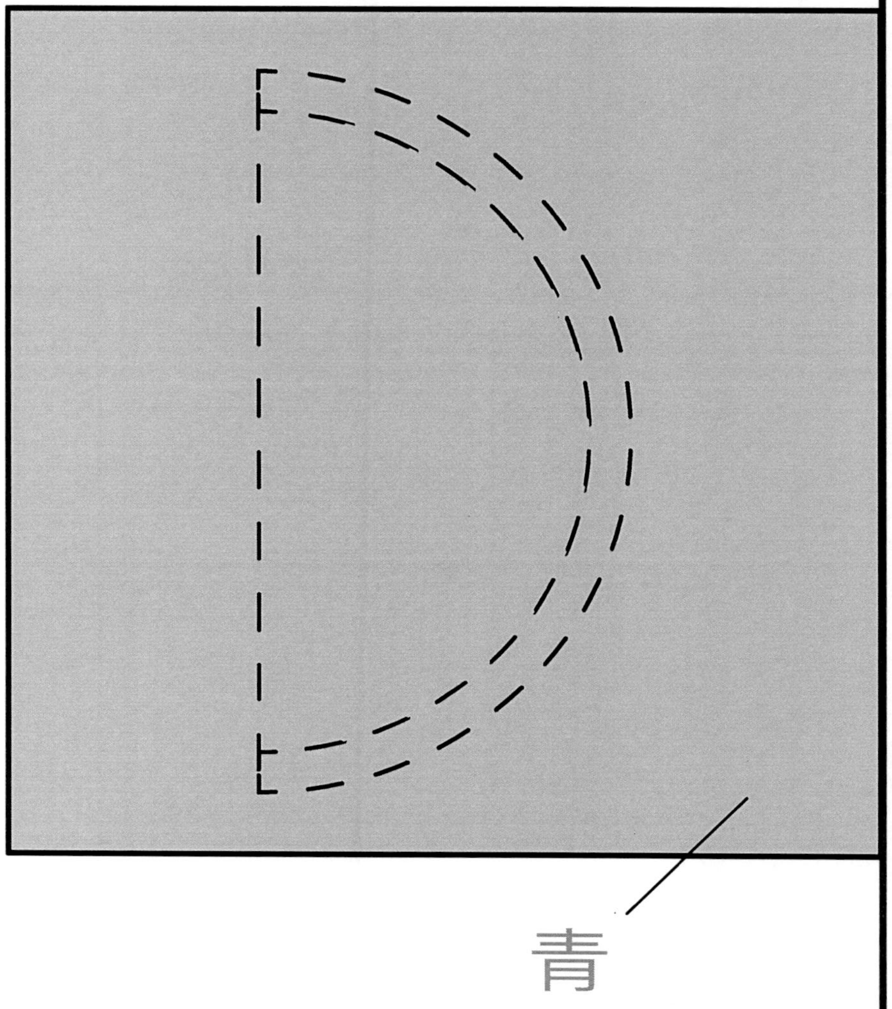

　

日本学習図書株式会社

問題１８－２

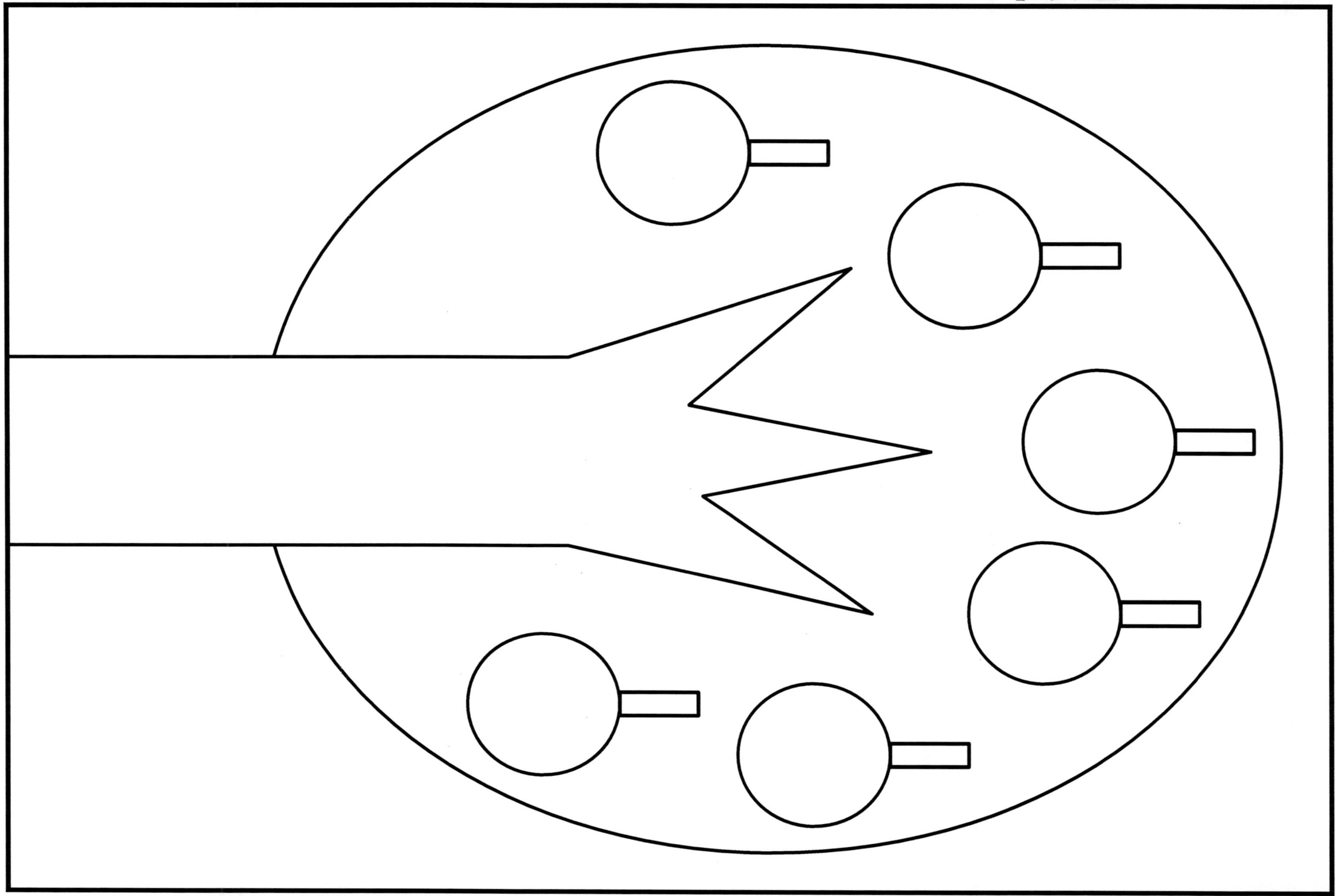

☆附属京都小中学校

問題２０

①

②

③

☆附属京都小中学校

問題２２

①

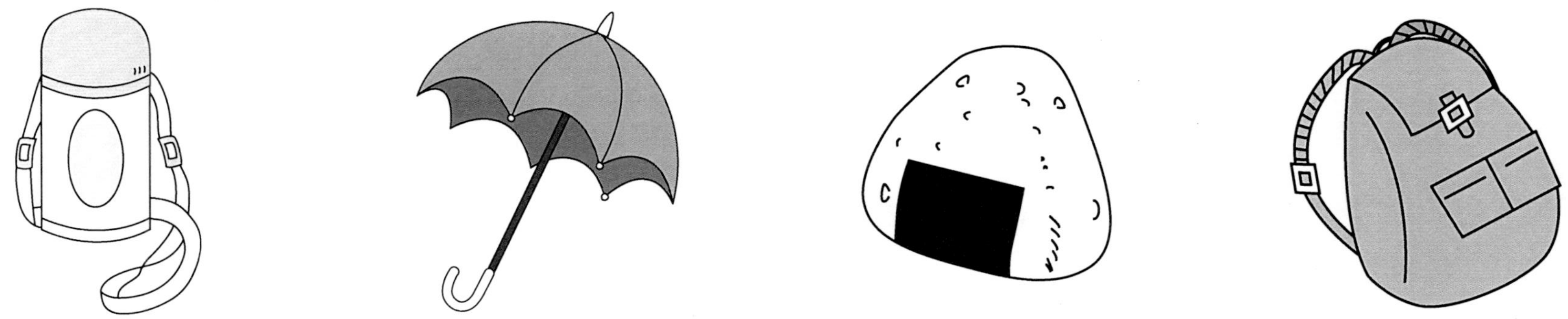

②

③

問題 2 3

☆附属京都小中学校

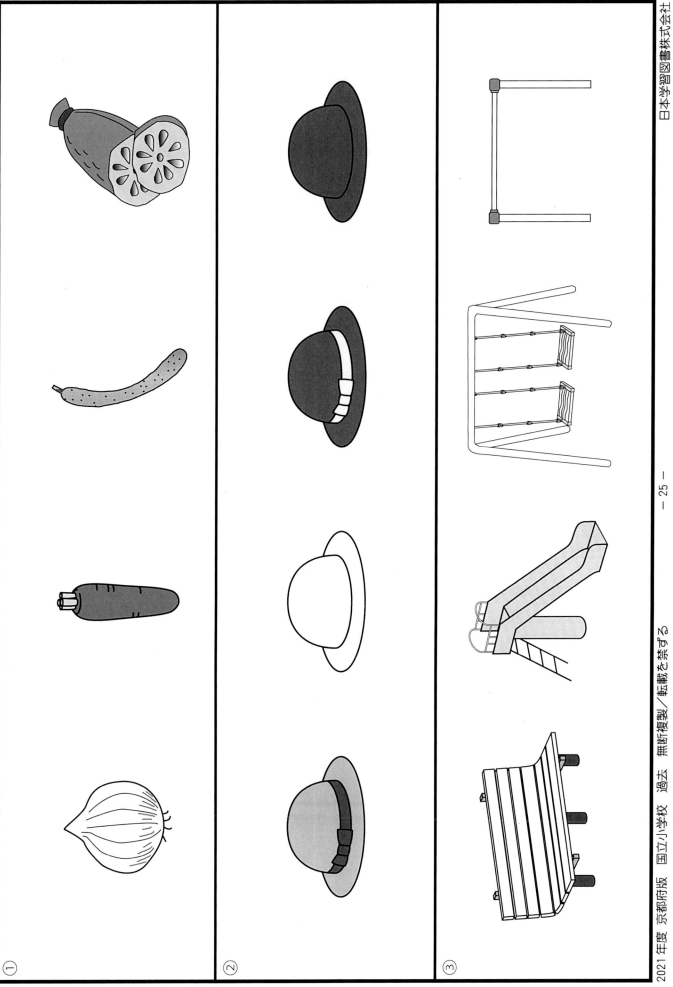

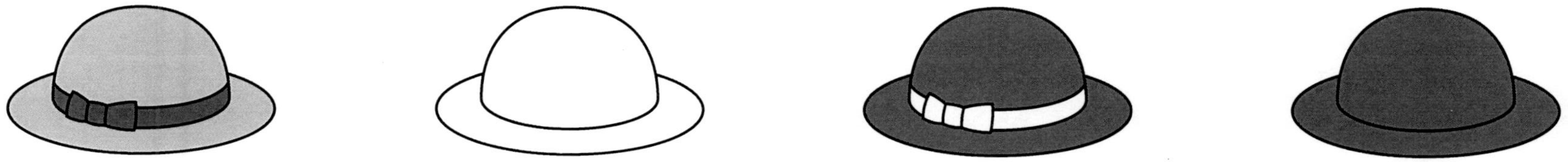

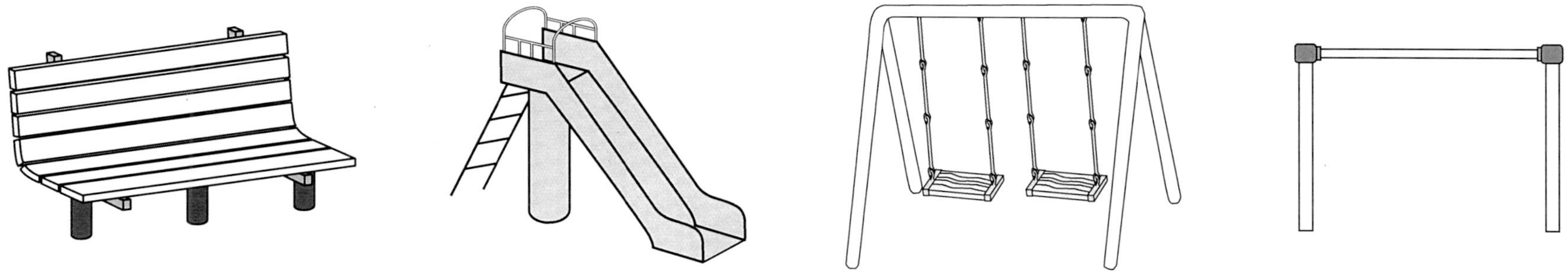

☆附属京都小中学校

2021年度 京都府版 国立小学校 過去 無断複製／転載を禁ずる　日本学習図書株式会社

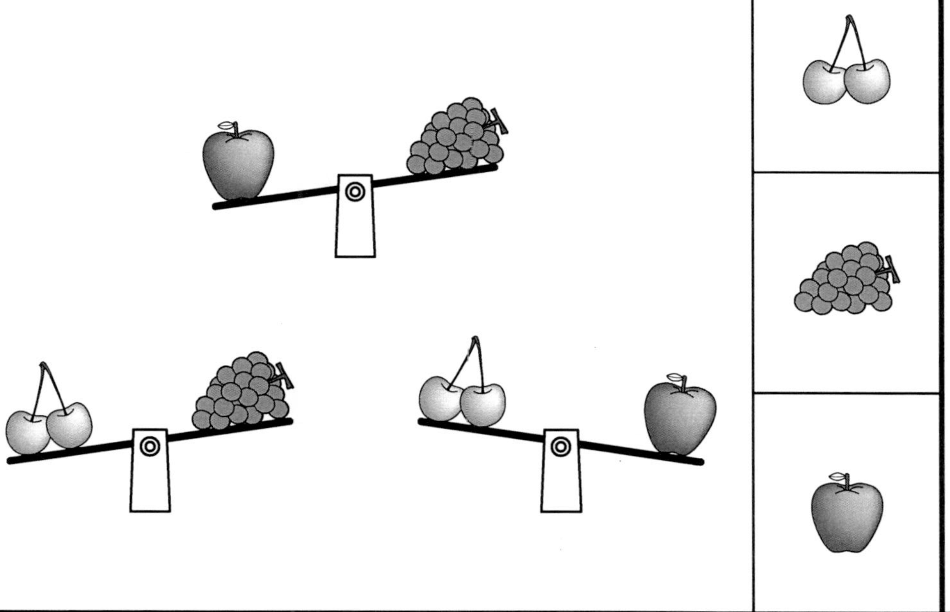

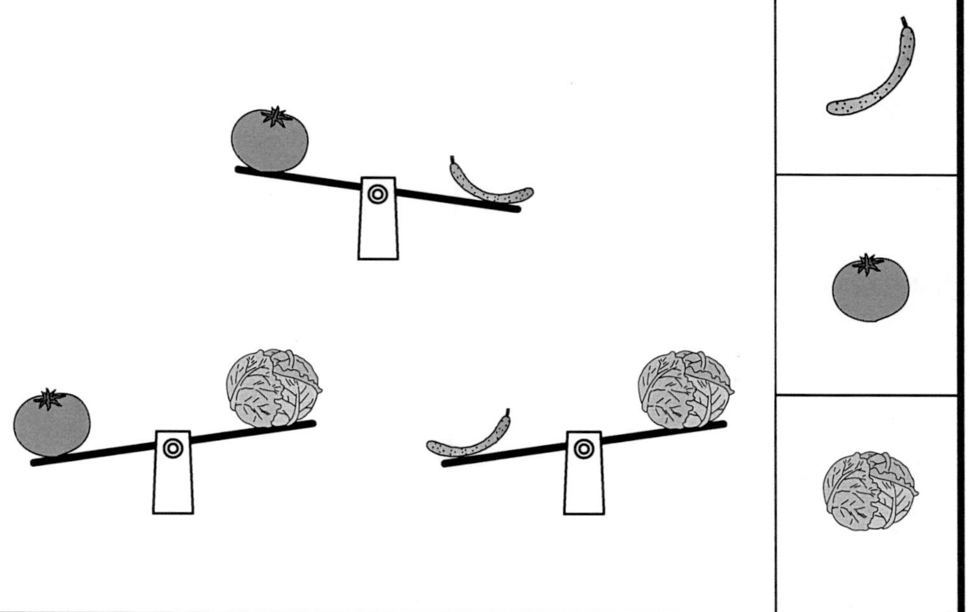

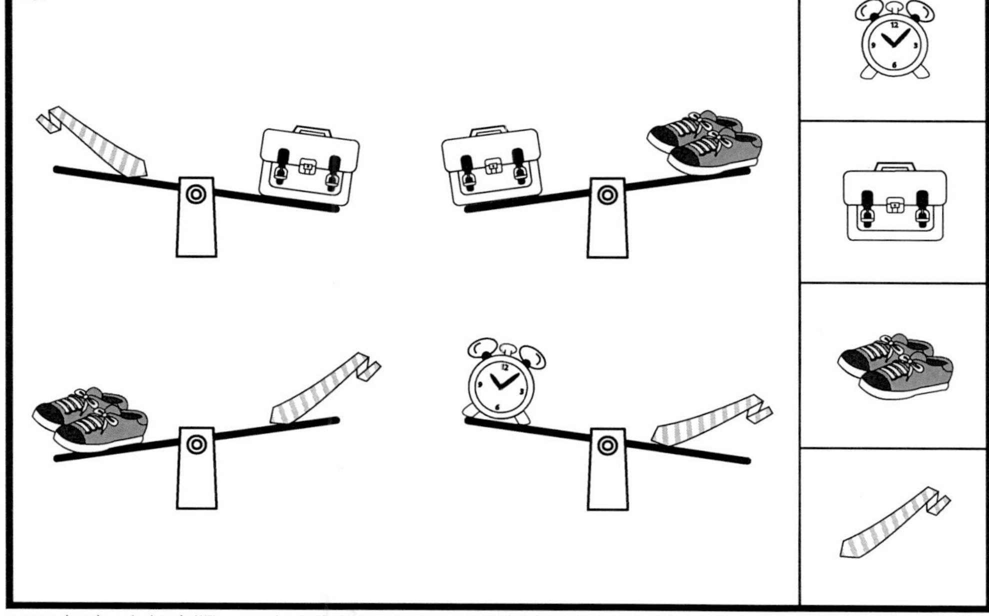

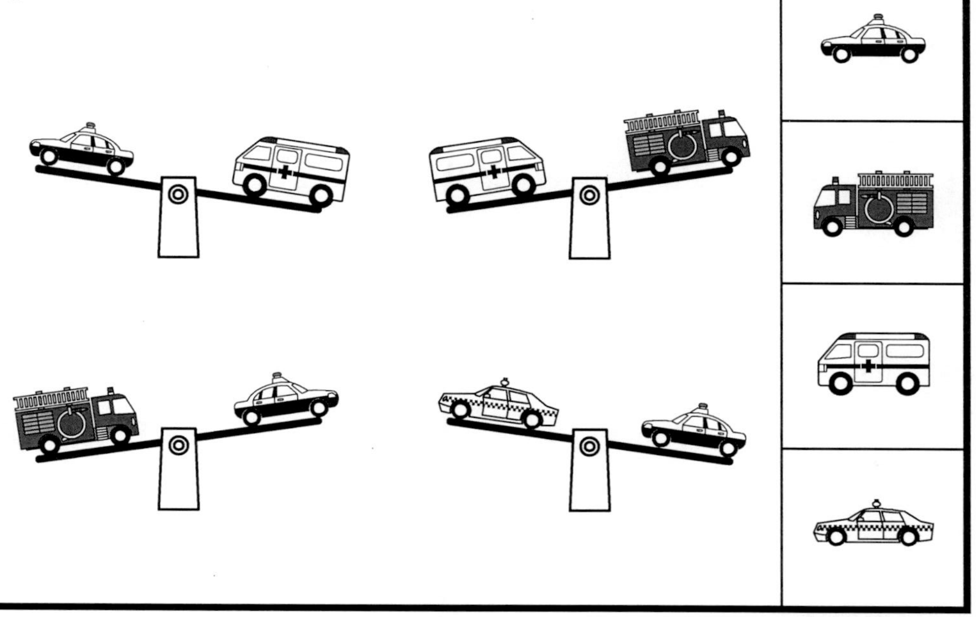

☆附属京都小中学校

問題２５

①

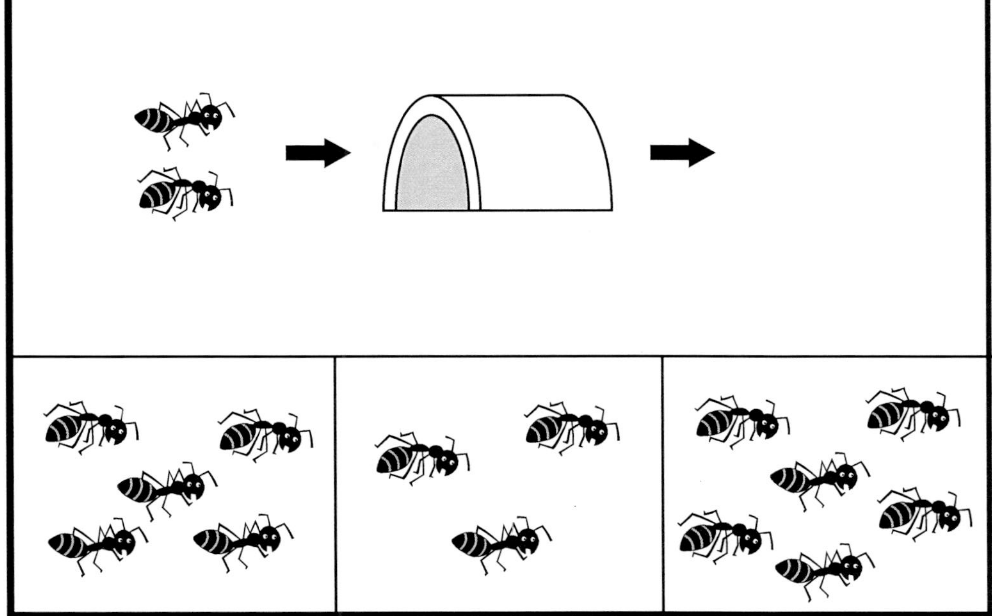

②

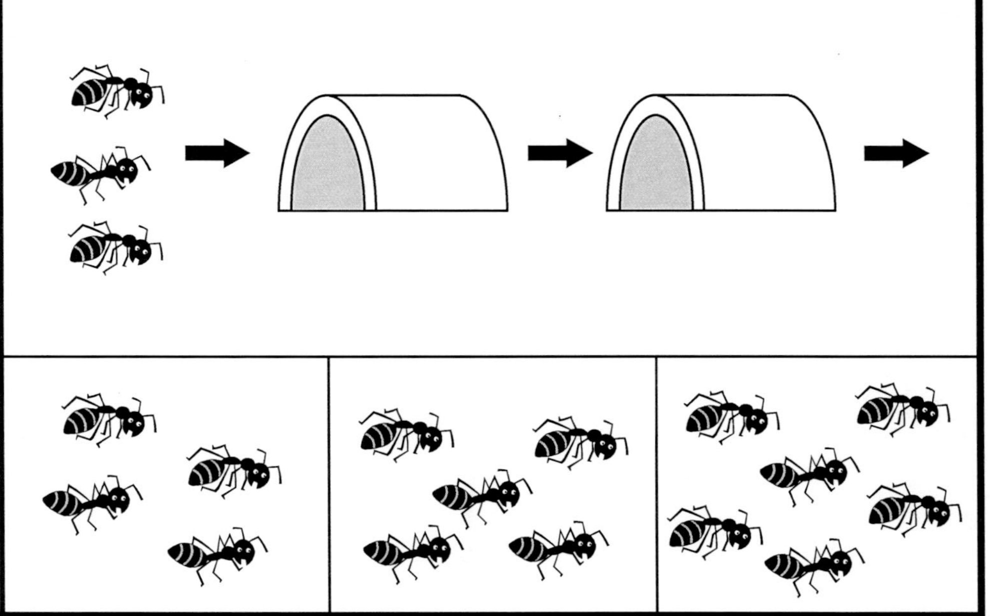

③

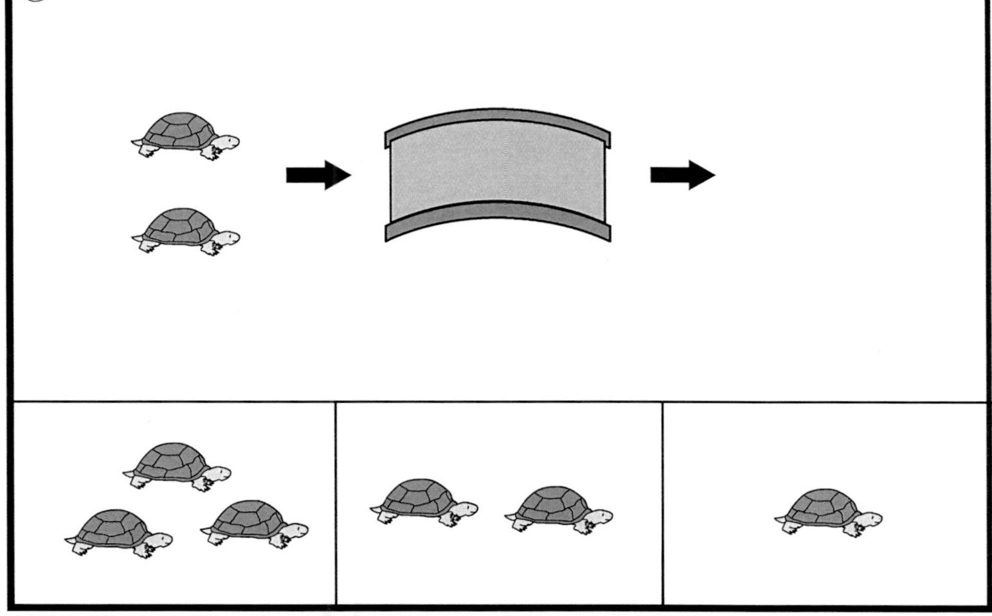

④

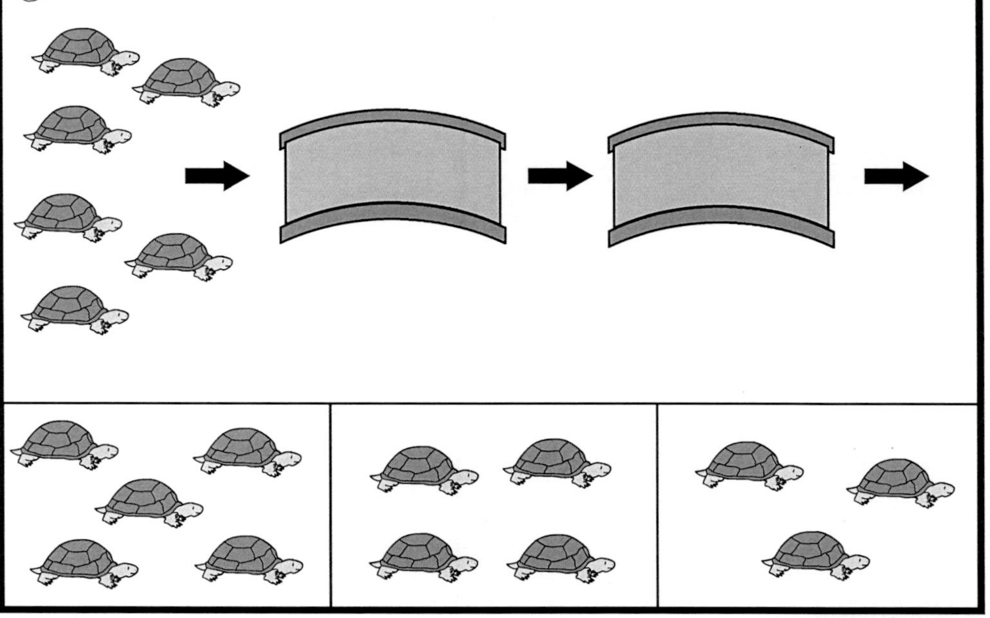

問題２６

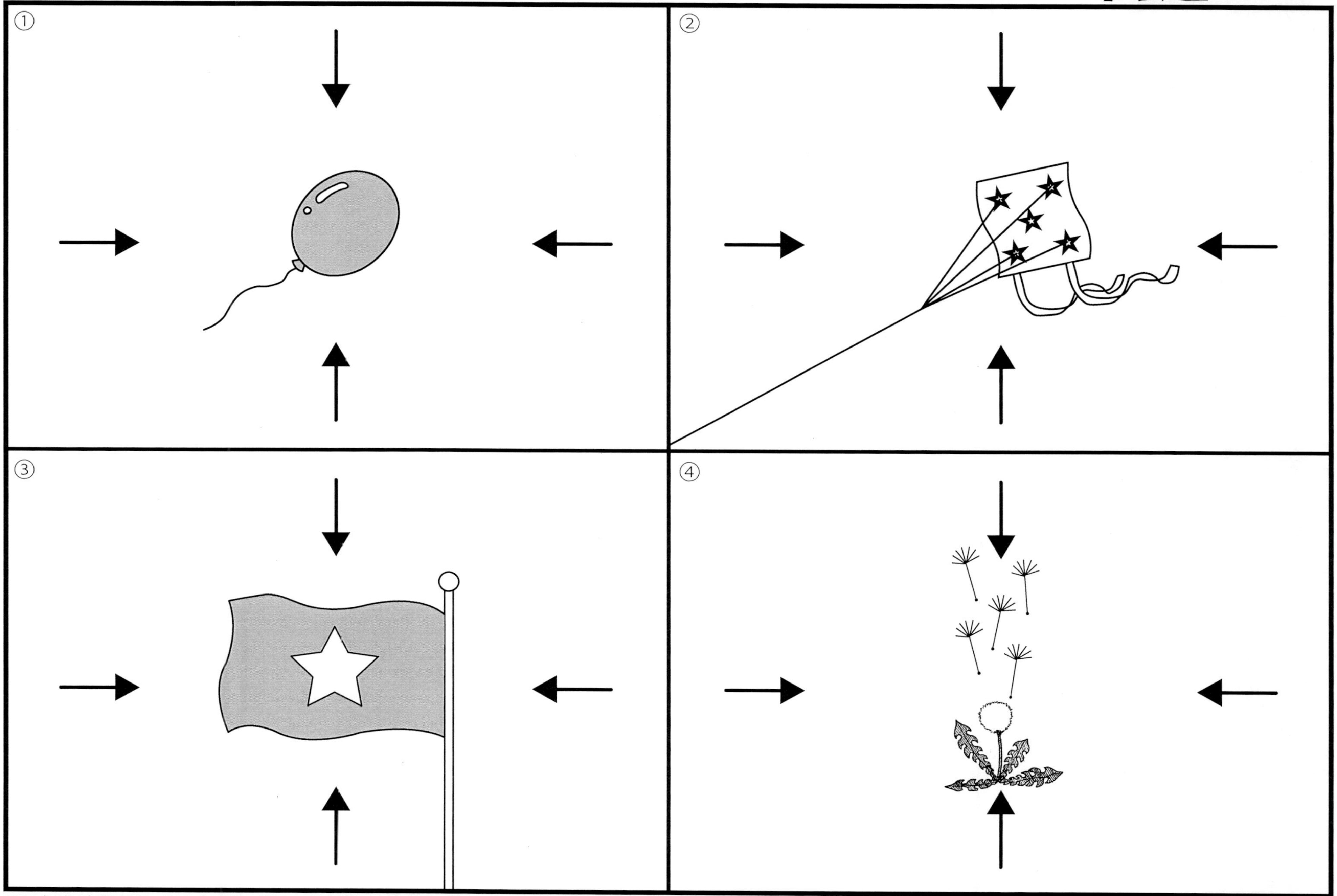

問題２７

☆附属京都小中学校

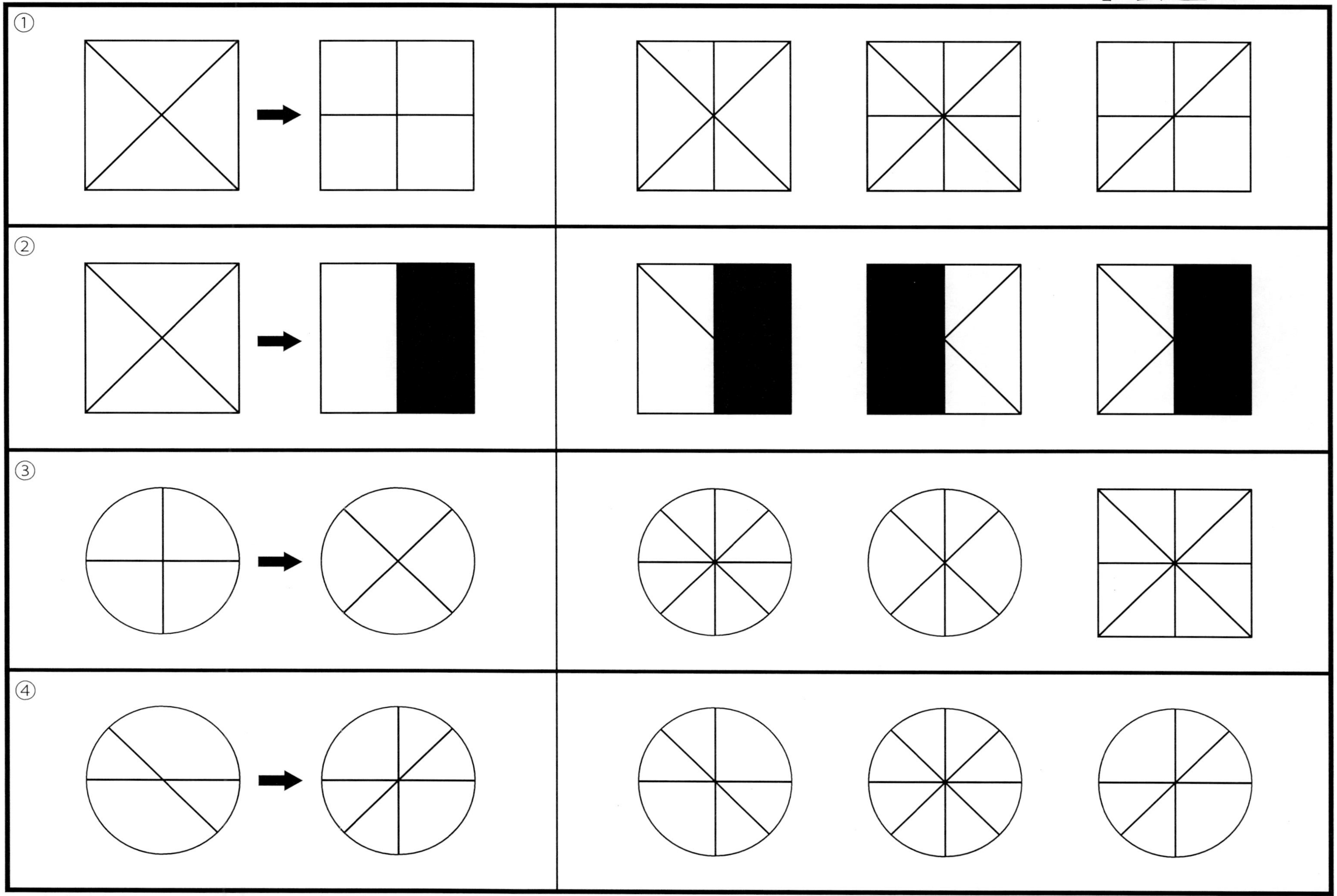

問題２８

①

②

③

④

①

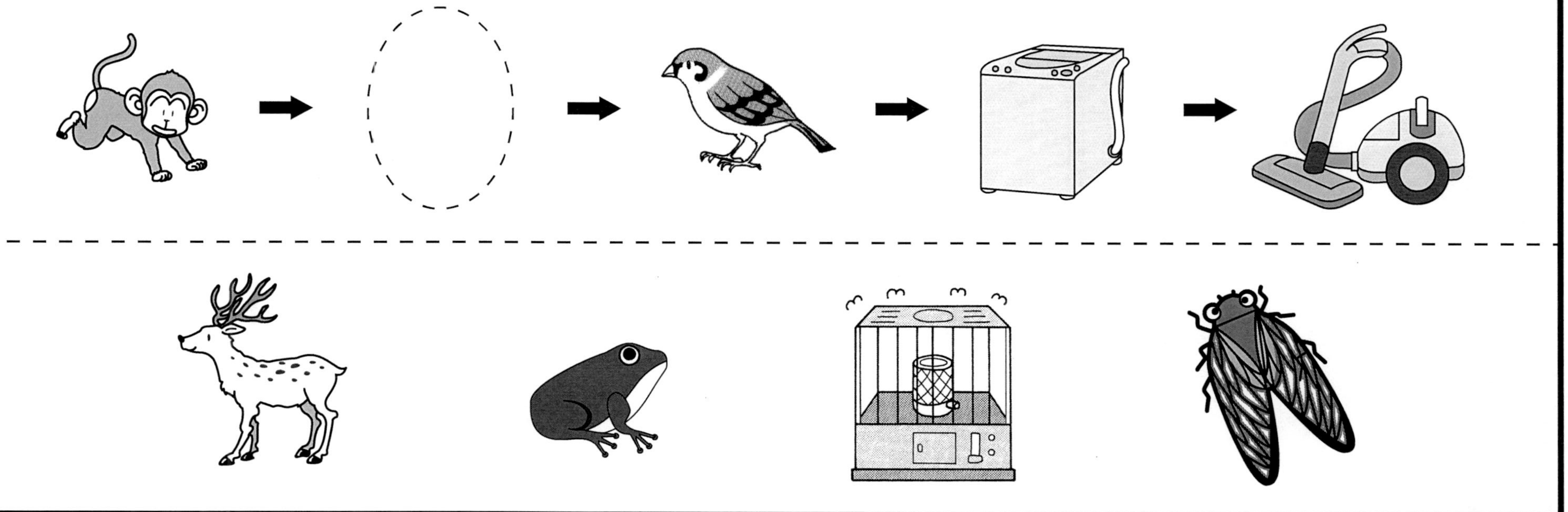

②

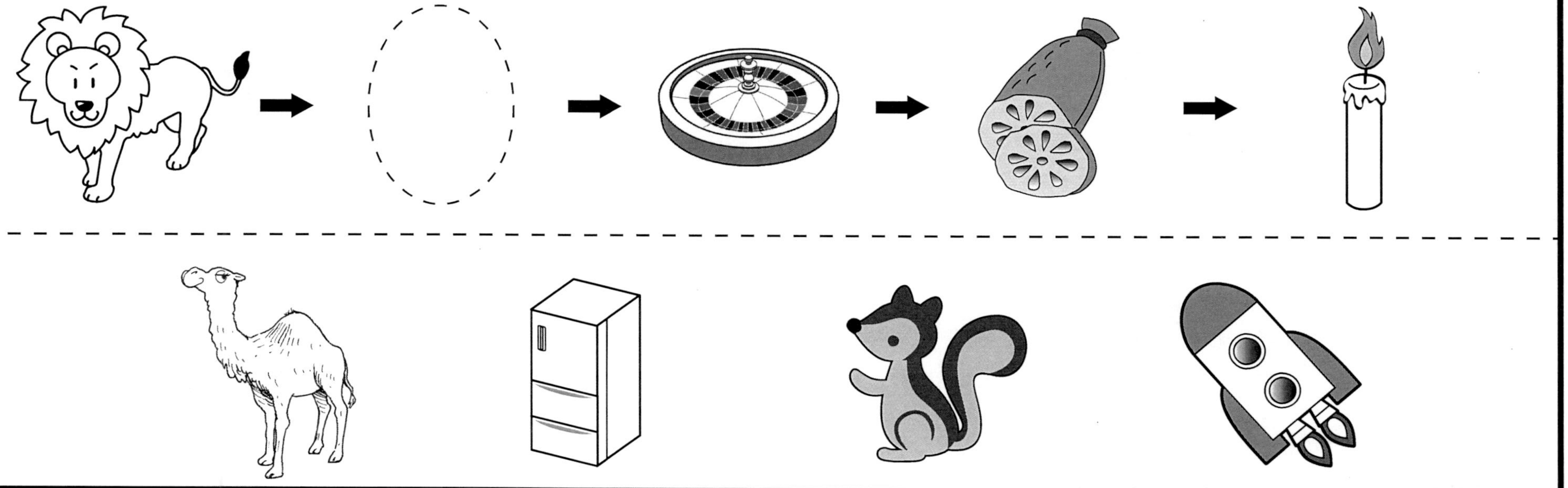

問題29-2

☆附属京都小中学校

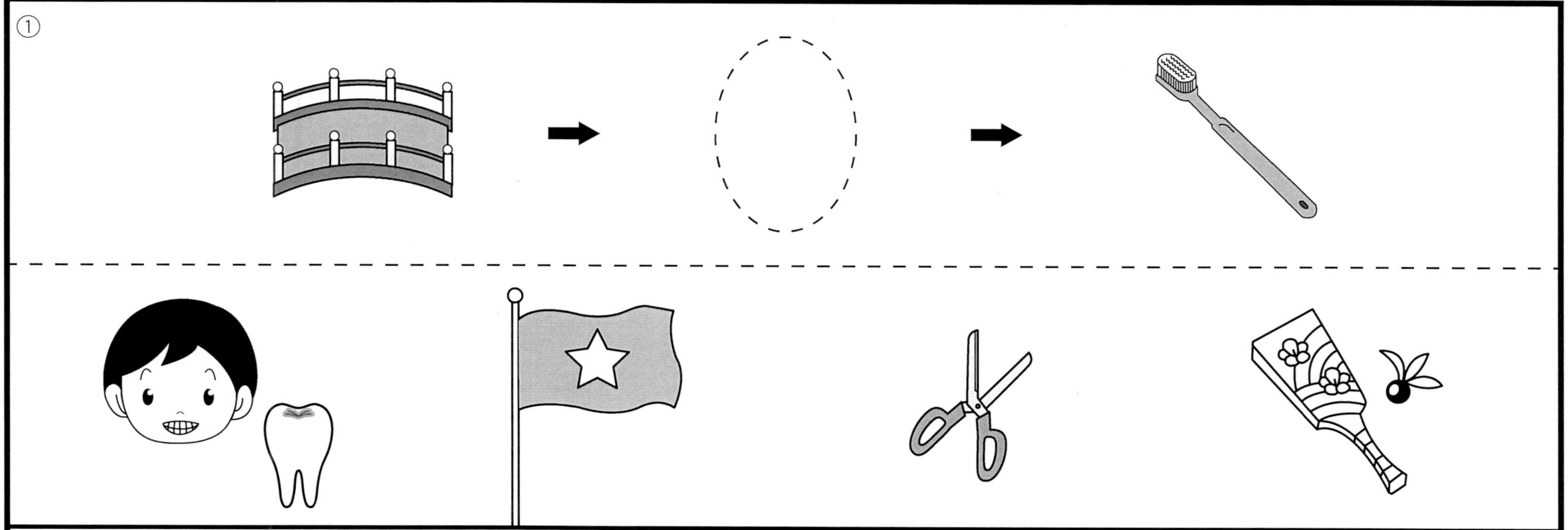

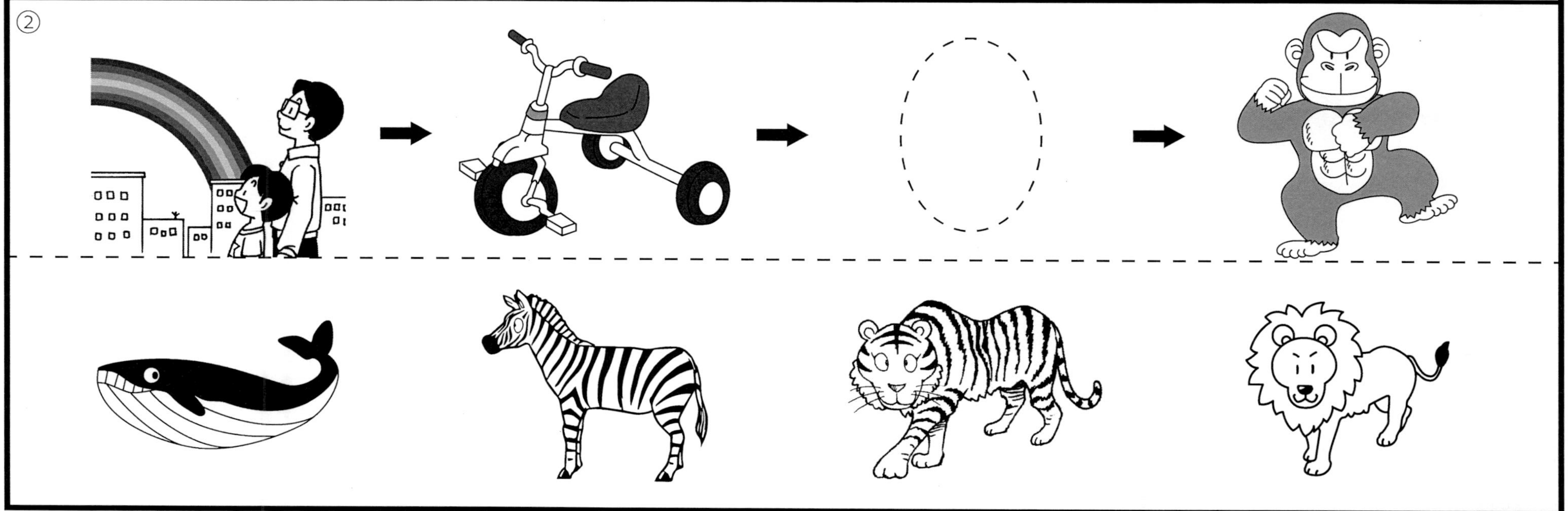

☆附属京都小中学校

問題３０

①

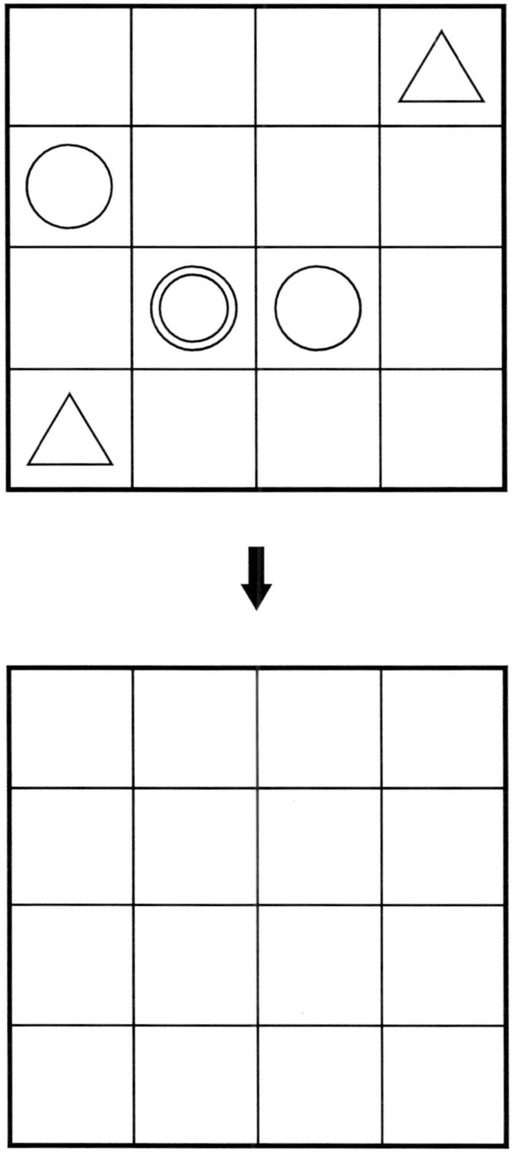

②

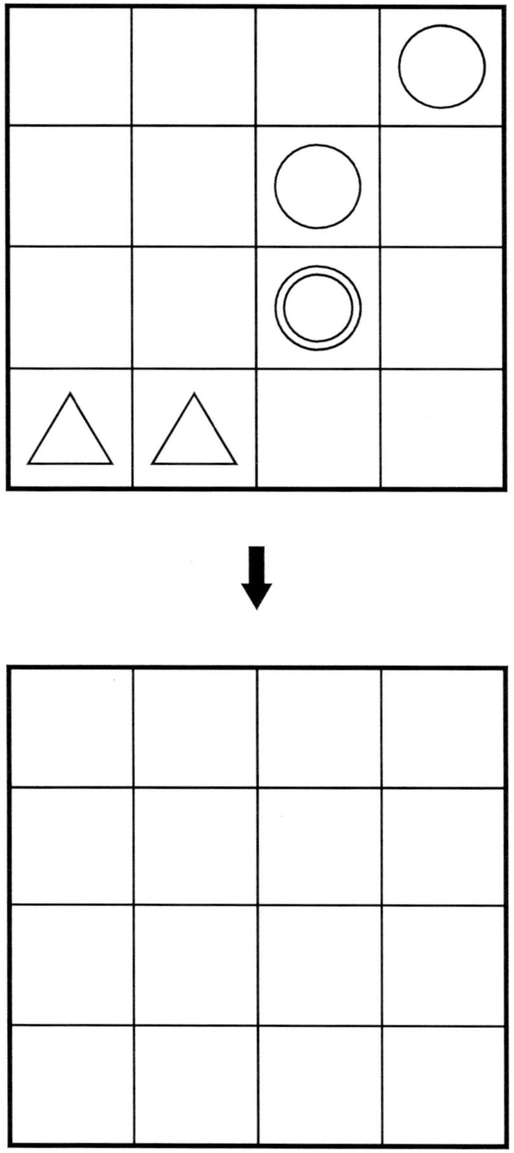

③

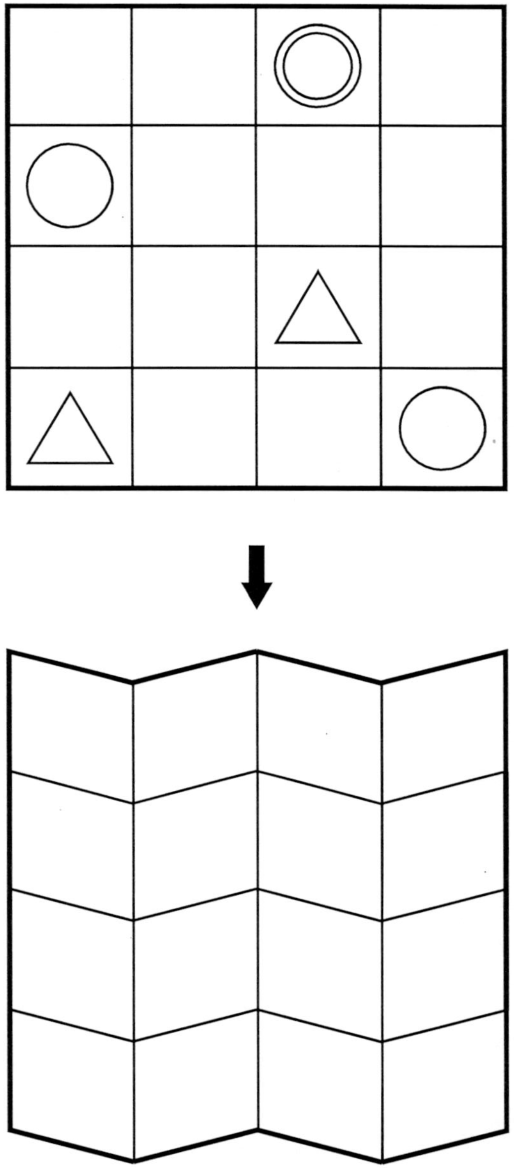

青

赤

青

黄

赤

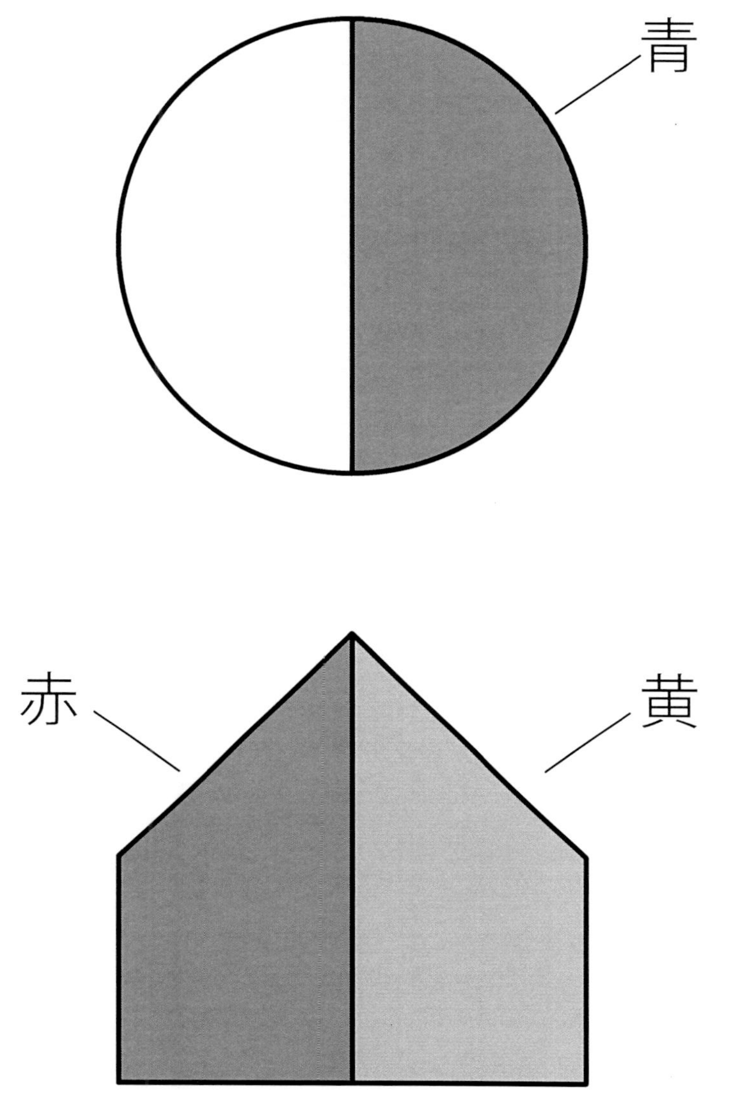

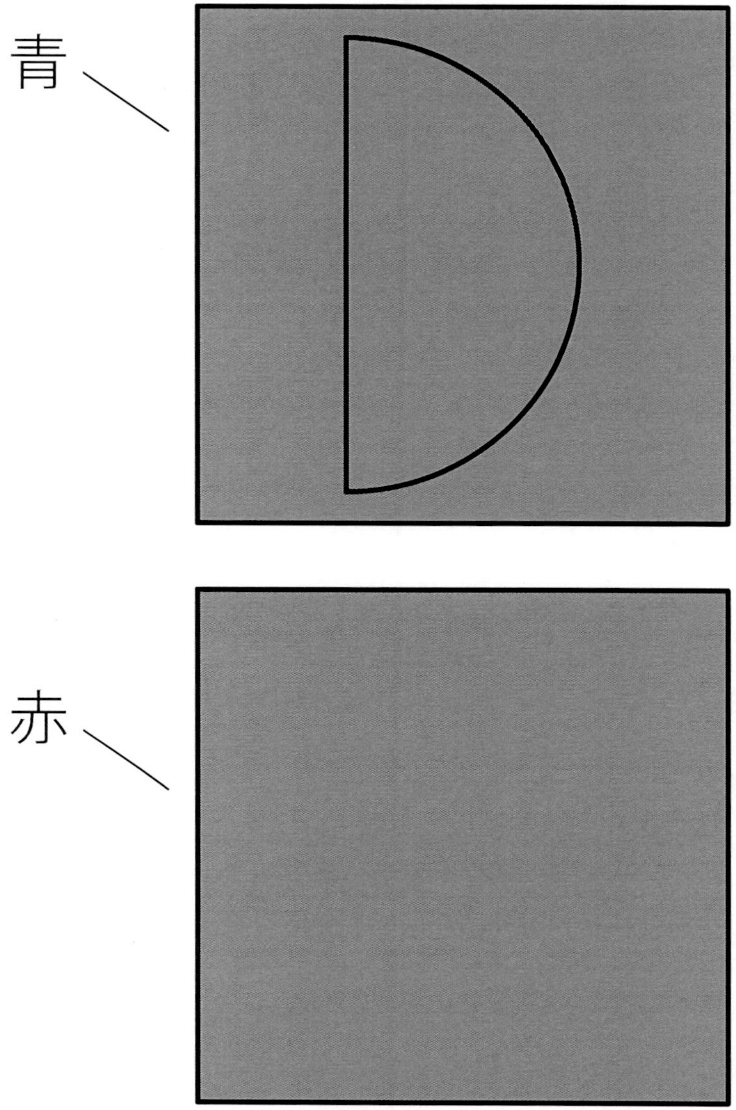

問題３２

①

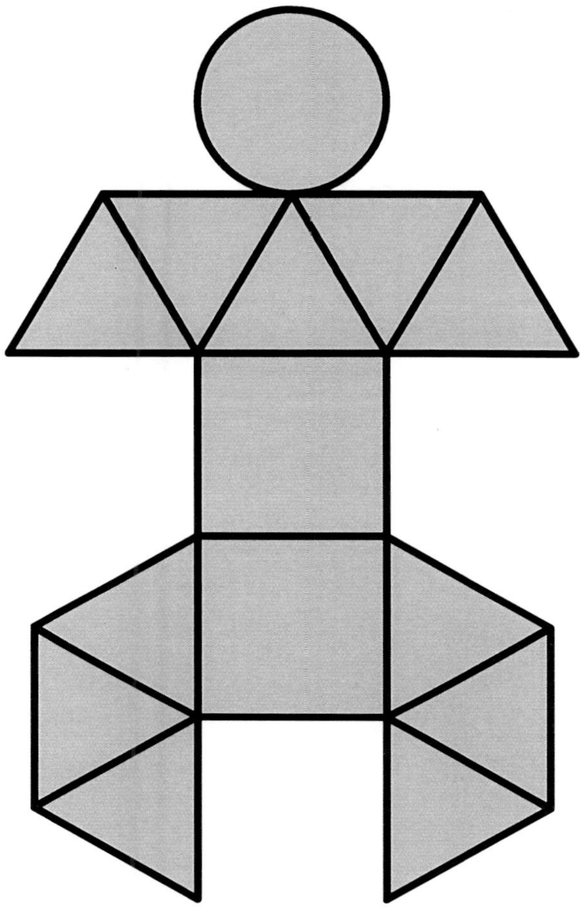

②

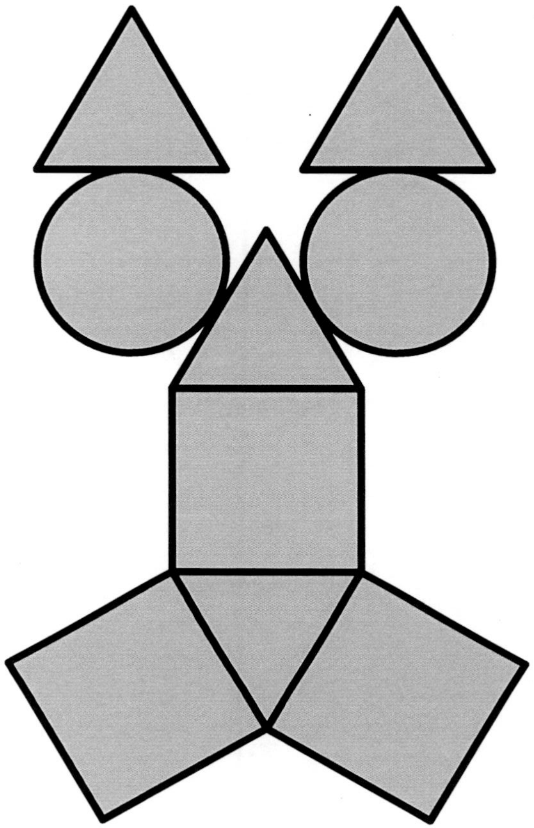

　

日本学習図書株式会社

2021年度 京都府版 国立小学校 過去 無断複製／転載を禁ずる

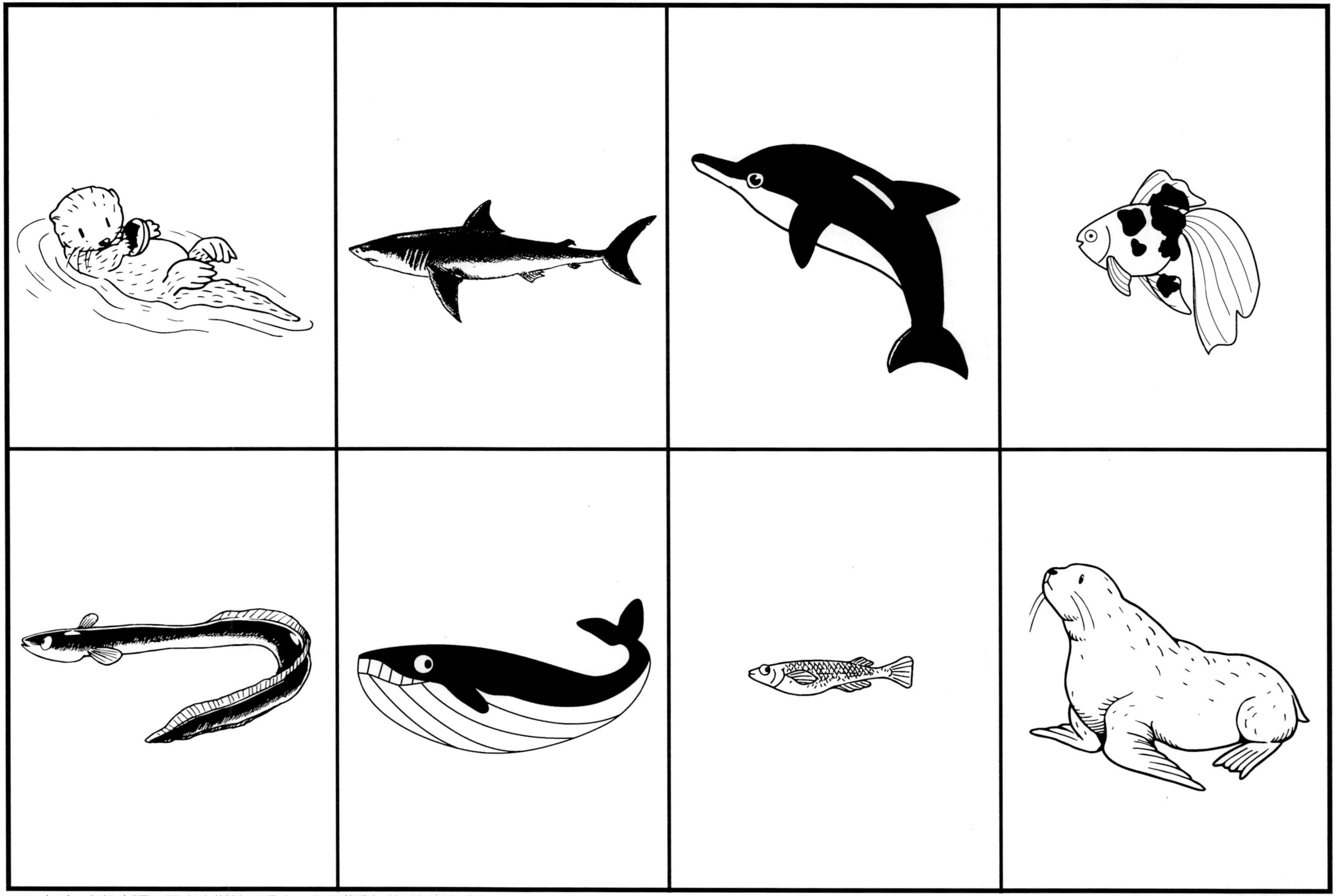

☆附属桃山小学校

問題３６

問題３７

☆附属桃山小学校

2021年度 京都府版 国立小学校 過去 無断複製／転載を禁ずる 日本学習図書株式会社

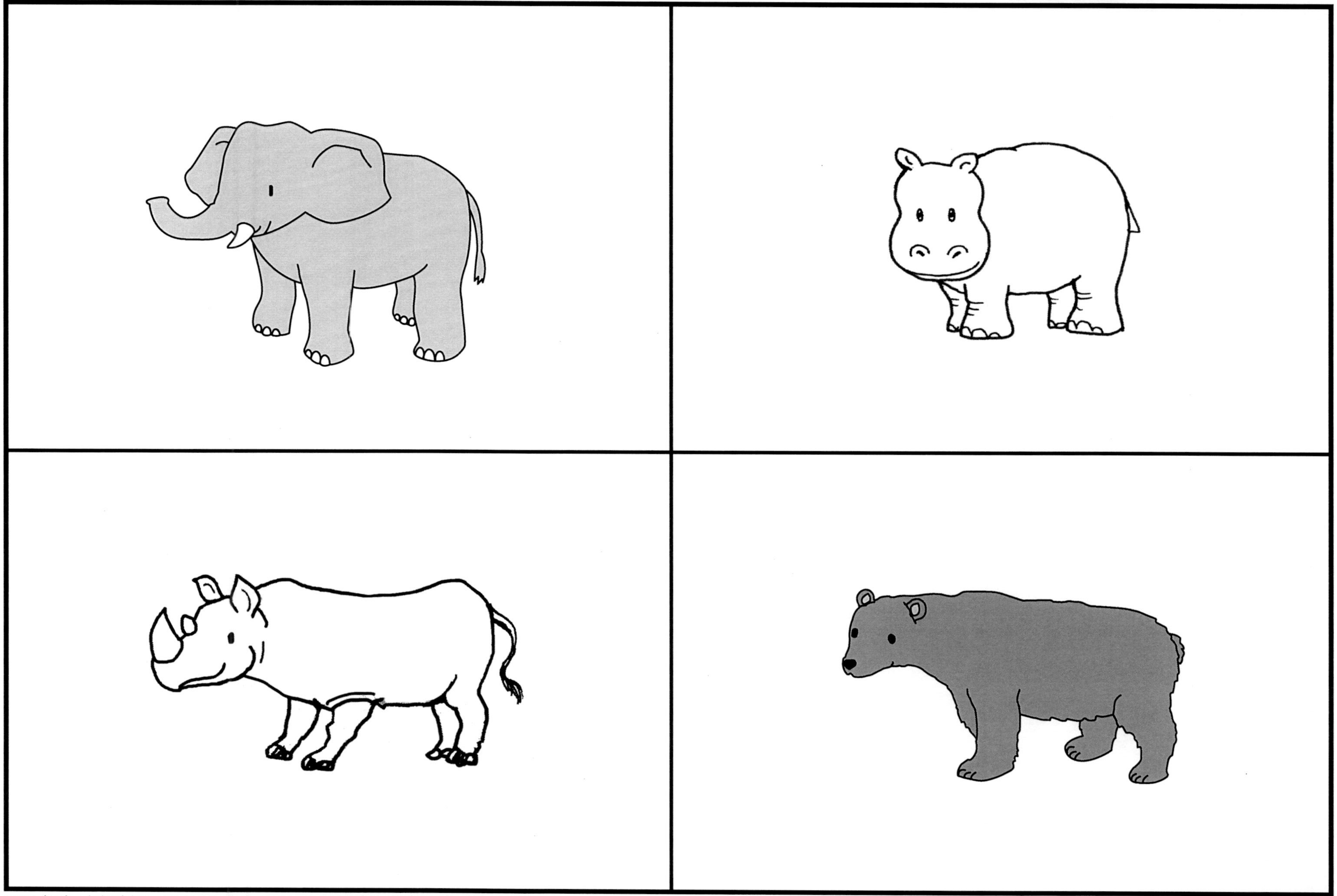

☆附属桃山小学校

2021年度 京都府版 国立小学校 過去 無断複製／転載を禁ずる　　日本学習図書株式会社

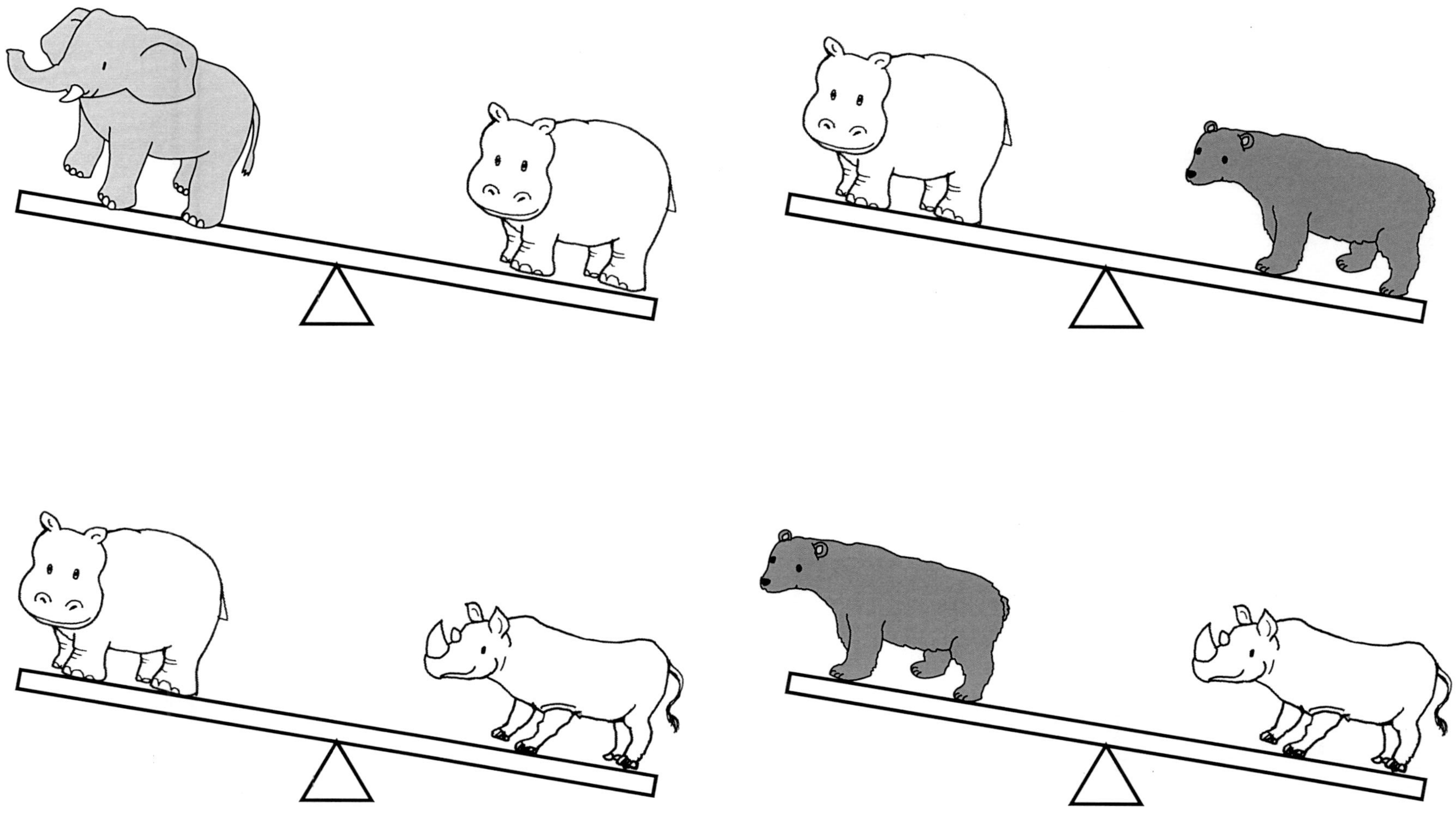

☆附属桃山小学校

問題３９

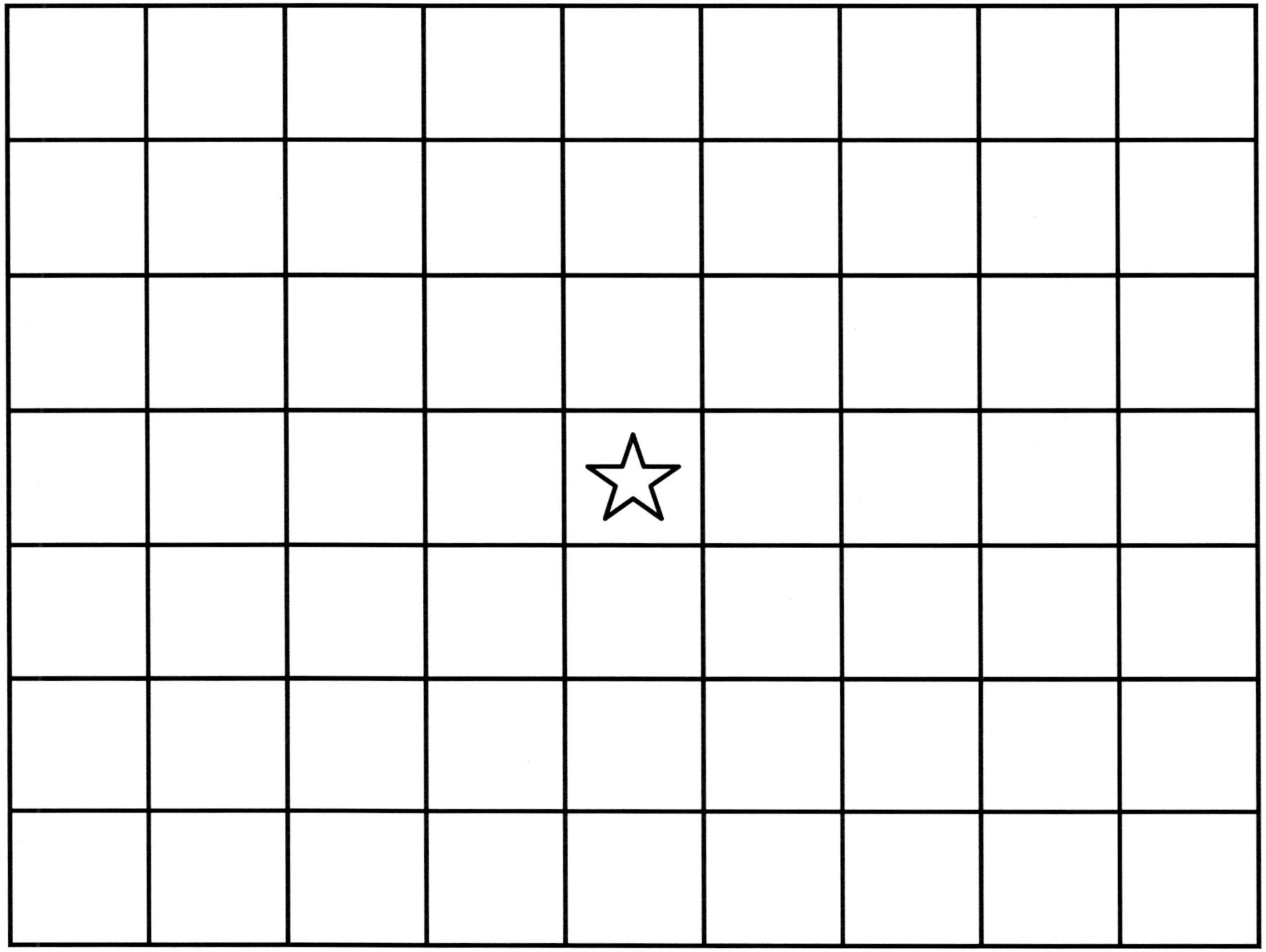

分野別 小学入試練習帳 ジュニアウォッチャー

1．点・線図形	小学校入試で出題頻度の高い『点・線図形』の模写を、難易度の低いものから段階別に幅広く練習することができるように構成。
2．座標	図形の位置模写という作業を、難易度の低いものから段階別に練習できるように構成。
3．パズル	様々なパズルの問題を難易度の低いものから段階別に練習できるように構成。
4．同図形探し	小学校入試で出題頻度の高い、同図形選びの問題を繰り返し練習できるように構成。
5．回転・展開	図形などを回転、または展開したとき、形がどのように変化するかを学習し、理解を深められるように構成。
6．系列	数、図形などの様々な系列問題を、難易度の低いものから段階別に練習できるように構成。
7．迷路	迷路の問題を繰り返し練習できるように構成。
8．対称	対称に関する問題を４つのテーマに分類し、各テーマごとに問題を段階別に練習できるように構成。
9．合成	図形の合成に関する問題を、難易度の低いものから段階別に練習できるように構成。
10．四方からの観察	もの（立体）を様々な角度から見て、どのように見えるかを推理する問題を段階別に整理し、１つの形式で複数の問題を練習できるように構成。
11．いろいろな仲間	ものや動物、植物の共通点を見つけ、分類していく問題を中心に構成。
12．日常生活	日常生活における様々な問題を６つのテーマに分類し、各テーマごとに一つの問題形式で複数の問題を練習できるように構成。
13．時間の流れ	『時間』に着目し、様々なものごとは、時間が経過するとどのように変化するのかということを学習し、理解できるように構成。
14．数える	様々なものを『数える』ことから、数の多少の判定やかけ算、わり算の基礎までを練習できるように構成。
15．比較	比較に関する問題を５つのテーマ（数、高さ、長さ、量、重さ）に分類し、各テーマごとに問題を段階別に練習できるように構成。
16．積み木	数える対象を積み木に限定した問題集。
17．言葉の音遊び	言葉の音に関する問題を５つのテーマに分類し、各テーマごとに問題を段階別に練習できるように構成。
18．いろいろな言葉	表現力をより豊かにするいろいろな言葉として、擬態語や擬声語、同音異義語、反意語、数詞を取り上げた問題集。
19．お話の記憶	お話を聴いてその内容を記憶、理解し、設問に答える形式の問題集。
20．見る記憶・聴く記憶	「見て憶える」「聴いて憶える」という『記憶』分野に特化した問題集。
21．お話作り	いくつかの絵を元にしてお話を作る練習をして、想像力を養うことができるように構成。
22．想像画	描かれてある形や景色に好きな絵を描くことにより、想像力を養うことができるように構成。
23．切る・貼る・塗る	小学校入試で出題頻度の高い、はさみやのりなどを用いた巧緻性の問題を繰り返し練習できるように構成。
24・絵画	小学校入試で出題頻度の高い、お絵かきやぬり絵などクレヨンやクーピーペンを用いた巧緻性の問題を繰り返し練習できるように構成。
25．生活巧緻性	小学校入試で出題頻度の高い日常生活の様々な場面における巧緻性の問題集。
26．文字・数字	ひらがなの清音、濁音、拗音、拗長音、促音と１～20までの数字に焦点を絞り、練習できるように構成。
27．理科	小学校入試で出題頻度が高くなりつつある理科の問題を集めた問題集。
28．運動	出題頻度の高い運動問題を種目別に分けて構成。
29．行動観察	項目ごとに問題提起をし、「このような時はどうか、あるいはどう対処するのか」の観点から問いかける形式の問題集。
30．生活習慣	学校から家庭に提起された問題と思って、一問一問絵を見ながら話し合い、考える形式の問題集。

31．推理思考	数、量、言語、常識（含理科、一般）など、諸々のジャンルから問題を構成し、近年の小学校入試問題傾向に沿って構成。
32．ブラックボックス	箱や筒の中を通ると、どのようなお約束でどのように変化するかを推理・思考する問題集。
33．シーソー	重さの違うものをシーソーに乗せた時どちらに傾くのか、またどうすればシーソーは釣り合うのかを思考する基礎的な問題集。
34．季節	様々な行事や植物などを季節別に分類できるように知識をつける問題集。
35．重ね図形	小学校入試で頻繁に出題されている「図形を重ね合わせてできる形」についての問題を集めました。
36．同数発見	様々な物を数え「同じ数」を発見し、数の多少の判断や数の認識の基礎を学べるように構成した問題集。
37．選んで数える	数の学習の基本となる、いろいろなものの数を正しく数える学習を行う問題集。
38．たし算・ひき算１	数字を使わず、たし算とひき算の基礎を身につけるための問題集。
39．たし算・ひき算２	数字を使わず、たし算とひき算の基礎を身につけるための問題集。
40．数を分ける	数を等しく分ける問題です。等しく分けたときに余りが出るものもあります。
41．数の構成	ある数がどのような数で構成されているか学んでいきます。
42．一対多の対応	一対一の対応から、一対多の対応まで、かけ算の考え方の基礎学習を行います。
43．数のやりとり	あげたり、もらったり、数の変化をしっかりと学びます。
44．見えない数	指定された条件から数を導き出します。
45．図形分割	図形の分割に関する問題集。パズルや合成の分野にも通じる様々な問題を集めました。
46．回転図形	「回転図形」に関する問題集。やさしい問題から始め、いくつかの代表的なパターンから、段階を踏んで学習できるよう編集されています。
47．座標の移動	「マス目の指示通りに移動する問題」と「指示された数だけ移動する問題」を収録。
48．鏡図形	鏡で左右反転させた時の見え方を考えます。平面図形から立体図形、文字、絵まで。
49．しりとり	すべての学習の基礎となる「言葉」を学ぶこと、特に「語彙」を増やすことに重点をおき、さまざまなタイプの「しりとり」問題を集めました。
50．観覧車	観覧車やメリーゴーラウンドなどを舞台にした「回転系列」の問題集。「推理思考」分野の問題ですが、要素として「図形」や「数量」も含みます。
51．運筆①	鉛筆の持ち方を学び、点線なぞり、お手本を見ながらの模写で、線を引く練習をします。
52．運筆②	運筆①からさらに発展し、「欠所補完」や「迷路」などを楽しみながら、より複雑な鉛筆運びを習得することを目指します。
53．四方からの観察 積み木編	積み木を使用した「四方からの観察」に関する問題を練習できるように構成。
54．図形の構成	見本の図形がどのような部分によって形づくられているかを考えます。
55．理科②	理科的知識に関する問題を集中して練習する「常識」分野の問題集。
56．マナーとルール	道路や駅、公共の場でのマナー、安全や衛生に関する常識を学べるように構成。
57．置き換え	さまざまな具体的・抽象的事象を記号で表す「置き換え」の問題を扱います。
58．比較②	長さ・高さ・体積・数などを数学的な知識を使わず、論理的に推測する「比較」の問題を練習できるように構成。
59．欠所補完	線と線のつながり、欠けた絵に当てはまるものなどを求める「欠所補完」に取り組める問題集です。
60．言葉の音（おん）	しりとり、決まった順番の音をつなげるなど、「言葉の音」に関する問題に取り組める練習問題集です。

◆◆ニチガクのおすすめ問題集◆◆

より充実した家庭学習を目指し、ニチガクではさまざまな問題集をとりそろえております!!

サクセスウォッチャーズ(全18巻)

①〜⑱
本体各¥2,200＋税

全9分野を「基礎必修編」「実力アップ編」の2巻でカバーした、合計18冊。
各巻80問と豊富な問題数に加え、他の問題集では掲載していない詳しいアドバイスが、お子さまを指導する際に役立ちます。
各ページが、すぐに使えるミシン目付き。本番を意識したドリルワークが可能です。

ジュニアウォッチャー(既刊60巻)

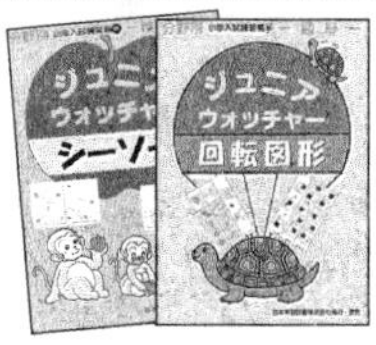

①〜⑥⓪ (以下続刊)
本体各¥1,500＋税

入試出題頻度の高い9分野を、さらに60の項目にまで細分化。基礎学習に最適のシリーズ。
苦手分野におけるつまずきを、効率よく克服するための60冊です。
ポイントが絞られているため、無駄なく高い効果を得られます。

国立・私立NEWウォッチャーズ

言語／理科／図形／記憶
常識／数量／推理
本体各¥2,000＋税

シリーズ累計発行部数40万部以上を誇る大ベストセラー「ウォッチャーズシリーズ」の趣旨を引き継ぐ新シリーズ!!
実際に出題された過去問の「類題」を32問掲載。全問に「解答のポイント」付きだから家庭学習に最適です。「ミシン目」付き切り離し可能なプリント学習タイプ!

実践 ゆびさきトレーニング①・②・③

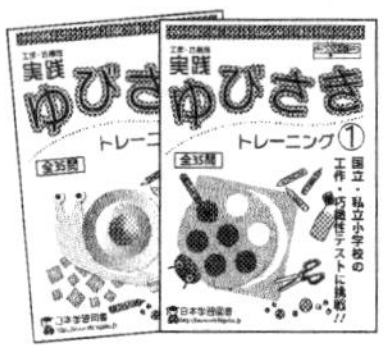

本体各¥2,500＋税

制作問題に特化した一冊。有名校が実際に出題した類似問題を35問掲載。
様々な道具の扱い(はさみ・のり・セロハンテープの使い方)から、手先・指先の訓練(ちぎる・貼る・塗る・切る・結ぶ)、また、表現することの楽しさも経験できる問題集です。

お話の記憶・読み聞かせ

[お話の記憶問題集]
中級／上級編
本体各¥2,000＋税

初級／過去類似編／ベスト30
本体各¥2,600＋税

1話5分の読み聞かせお話集①・②、入試実践編①
本体各¥1,800＋税

あらゆる学習に不可欠な、語彙力・集中力・記憶力・理解力・想像力を養うと言われているのが「お話の記憶」分野の問題。問題集は全問アドバイス付き。

分野別 苦手克服シリーズ(全6巻)

図形／数量／言語／
常識／記憶／推理
本体各¥2,000＋税

数量・図形・言語・常識・記憶の6分野。アンケートに基づいて、多くのお子さまがつまづきやすい苦手問題を、それぞれ40問掲載しました。
全問アドバイス付きですので、ご家庭において、そのつまづきを解消するためのプロセスも理解できます。

運動テスト・ノンペーパーテスト問題集

新 運動テスト問題集
本体¥2,200＋税

新 ノンペーパーテスト問題集
本体¥2,600＋税

ノンペーパーテストは国立・私立小学校で幅広く出題される、筆記用具を使用しない分野の問題を全40問掲載。
運動テスト問題集は運動分野に特化した問題集です。指示の理解や、ルールを守る訓練など、ポイントを押さえた学習に最適。全35問掲載。

口頭試問・面接テスト問題集

新 口頭試問・個別テスト問題集
本体¥2,500＋税

面接テスト問題集
本体¥2,000＋税

口頭試問は、主に個別テストとして口頭で出題解答を行うテスト形式。面接は、主に「考え」やふだんの「あり方」をたずねられるものです。
口頭で答える点は同じですが、内容は大きく異なります。想定する質問内容や答え方の幅を広げるために、どちらも手にとっていただきたい問題集です。

小学校受験 厳選難問集 ①・②

本体各¥2,600＋税

実際に出題された入試問題の中から、難易度の高い問題をピックアップし、アレンジした問題集。応用問題への挑戦は、基礎の理解度を測るだけでなく、お子さまの達成感・知的好奇心を触発します。
①は数量・図形・推理・言語、②は位置・常識・比較・記憶分野の難問を掲載。それぞれ40問。

国立小学校　対策問題集

国立小学校入試問題A・B・C(全3巻)本体各¥3,282＋税

新 国立小学校直前集中講座
本体¥3,000＋税

国立小学校頻出の問題を厳選。細かな指導方法やアドバイスが掲載してあり、効率的な学習が進められます。「総集編」は難易度別にA〜Cの3冊。付録のレーダーチャートにより得意・不得意を認識でき、国立小学校受験対策に最適です。入試直前の対策には「新 直前集中講座」!

おうちでチャレンジ ①・②

本体各¥1,800＋税

関西最大級の模擬試験である小学校受験標準テストのペーパー問題を編集した実力養成に最適な問題集。延べ受験者数10,000人以上のデータを分析しお子さまの習熟度・到達度を一目で判別。
保護者必読の特別アドバイス収録!

Q&Aシリーズ

『小学校受験で知っておくべき125のこと』
『小学校受験に関する保護者の悩みQ&A』
『新 小学校受験の入試面接Q&A』
『新 小学校受験 願書・アンケート文例集500』
本体各¥2,600＋税
『小学校受験のための
願書の書き方から面接まで』
本体¥2,500＋税

「知りたい!」「聞きたい!」「こんな時どうすれば…?」そんな疑問や悩みにお答えする、オススメの人気シリーズです。

書籍についてのご注文・お問い合わせ
☎ 03-5261-8951

http://www.nichigaku.jp
※ご注文方法、書籍についての詳細は、Webサイトをご覧ください。

日本学習図書　検索

『読み聞かせ』×『質問』＝『聞く力』

お話の記憶の練習に最適

1話5分の 読み聞かせお話集①②

「アラビアン・ナイト」「アンデルセン童話」「イソップ寓話」「グリム童話」、日本や各国の民話、昔話、偉人伝の中から、教育的な物語や、過去に小学校入試でも出題された有名なお話を中心に掲載。お話ごとに、内容に関連したお子さまへの質問も掲載しています。「読み聞かせ」を通して、お子さまの『聞く力』を伸ばすことを目指します。

①巻・②巻　各48話

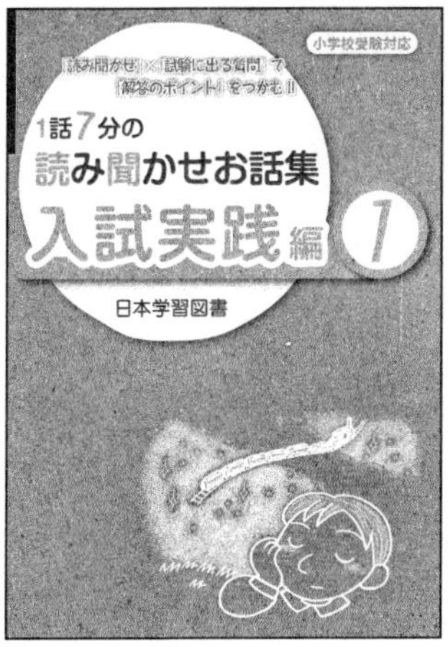

1話7分の読み聞かせお話集 入試実践編①

国立・私立小学校受験対応

最長1,700文字の長文のお話を掲載。有名でない＝「聞いたことのない」お話を聞くことで、『集中力』のアップを目指します。設問も、実際の試験を意識した設問としています。ペーパーテスト実施校の多くが「お話の記憶」の問題を出題します。毎日の「読み聞かせ」と「試験に出る質問」で、「解答のポイント」をつかんで臨みましょう！

50話収録

ニチガクの この5冊で受験準備も万全！

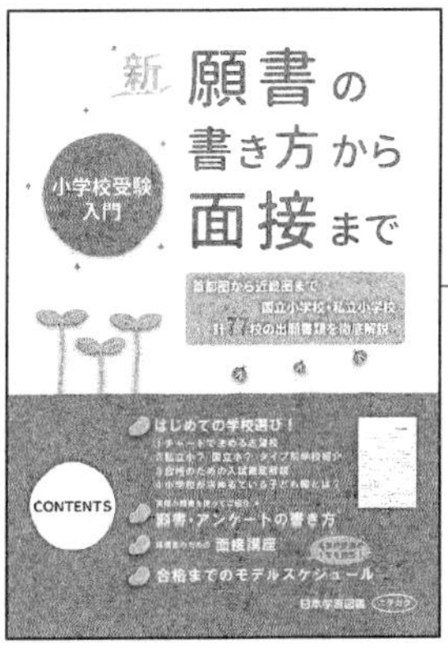

小学校受験入門 願書の書き方から面接まで リニューアル版

主要私立・国立小学校の願書・面接内容を中心に、学校選びや入試の分野傾向、服装コーディネート、持ち物リストなども網羅し、受験準備全体をサポートします。

小学校受験で 知っておくべき 125のこと

小学校受験の基本から怪しい「ウワサ」まで、保護者の方々からの125の質問にていねいに解答。目からウロコのお受験本。

新　小学校受験の 入試面接Q＆A リニューアル版

過去十数年に遡り、面接での質問内容を網羅。小学校別、父親・母親・志願者別、さらに学校のこと・志望動機・お子さまについてなど分野ごとに模範解答例やアドバイスを掲載。

新　願書・アンケート 文例集500 リニューアル版

有名私立小、難関国立小の願書やアンケートに記入するための適切な文例を、質問の項目別に収録。合格を掴むためのヒントが満載！ 願書を書く前に、ぜひ一度お読みください。

小学校受験に関する 保護者の悩みQ＆A

保護者の方約1,000人に、学習・生活・躾に関する悩みや問題を取材。その中から厳選した200例以上の悩みに、「ふだんの生活」と「入試直前」のアドバイス2本立てで悩みを解決。

日本学習図書株式会社

図書カード1000円分プレゼント

ご記入日　令和　　年　　月　　日

☆国・私立小学校受験アンケート☆

※可能な範囲でご記入下さい。選択肢は○で囲んで下さい。

〈小学校名〉＿＿＿＿＿＿＿＿　〈お子さまの性別〉男・女　〈誕生月〉＿＿月

〈その他の受験校〉（複数回答可）＿＿＿＿＿＿＿＿＿＿＿＿

〈受験日〉①：＿＿月＿＿日〈時間〉＿＿時＿＿分　～　＿＿時＿＿分

②：＿＿月＿＿日〈時間〉＿＿時＿＿分　～　＿＿時＿＿分

〈受験者数〉男女計＿＿名（男子＿＿名　女子＿＿名）

〈お子さまの服装〉＿＿＿＿＿＿＿＿＿＿＿＿

〈入試全体の流れ〉（記入例）準備体操→行動観察→ペーパーテスト

＿＿＿＿＿＿＿＿＿＿＿＿＿＿＿＿＿＿＿＿

Eメールによる情報提供

日本学習図書では、Eメールでも入試情報を募集しております。
下記のアドレスに、アンケートの内容をご入力の上、メールをお送り下さい。

ojuken@nichigaku.jp

●行動観察　（例）好きなおもちゃで遊ぶ・グループで協力するゲームなど

〈実施日〉＿＿月＿＿日〈時間〉＿＿時＿＿分　～　＿＿時＿＿分〈着替え〉□有　□無

〈出題方法〉□肉声　□録音　□その他（　　　　　）〈お手本〉□有　□無

〈試験形態〉□個別　□集団（　　　人程度）　〈会場図〉

〈内容〉

□自由遊び

＿＿＿＿＿＿＿＿＿＿＿＿＿＿＿＿

□グループ活動

＿＿＿＿＿＿＿＿＿＿＿＿＿＿＿＿

□その他

＿＿＿＿＿＿＿＿＿＿＿＿＿＿＿＿

●運動テスト（有・無）　（例）跳び箱・チームでの競争など

〈実施日〉＿＿月＿＿日〈時間〉＿＿時＿＿分　～　＿＿時＿＿分〈着替え〉□有　□無

〈出題方法〉□肉声　□録音　□その他（　　　　　）〈お手本〉□有　□無

〈試験形態〉□個別　□集団（　　　人程度）　〈会場図〉

〈内容〉

□サーキット運動

□走り　□跳び箱　□平均台　□ゴム跳び

□マット運動　□ボール運動　□なわ跳び

□クマ歩き

□グループ活動＿＿＿＿＿＿＿＿＿＿＿＿

□その他＿＿＿＿＿＿＿＿＿＿＿＿

●知能テスト・口頭試問

〈実施日〉 ＿＿月＿＿日 〈時間〉 ＿＿時＿＿分 ～ ＿＿時＿＿分 〈お手本〉□有 □無

〈出題方法〉 □肉声 □録音 □その他（　　　　　） 〈問題数〉 ＿＿枚 ＿＿問

分野	方法	内　容	詳細・イラスト
（例） お話の記憶	☑筆記 □口頭	動物たちが待ち合わせをする話	（あらすじ） 動物たちが待ち合わせをした。最初にウサギさんが来た。次にイヌくんが、その次にネコさんが来た。最後にタヌキくんが来た。 （問題・イラスト） 3番目に来た動物は誰か 
お話の記憶	□筆記 □口頭		（あらすじ） （問題・イラスト）
図形	□筆記 □口頭		
言語	□筆記 □口頭		
常識	□筆記 □口頭		
数量	□筆記 □口頭		
推理	□筆記 □口頭		
その他	□筆記 □口頭		

日本学習図書株式会社

●制作 （例）ぬり絵・お絵かき・工作遊びなど

〈実施日〉＿＿月＿＿日 **〈時間〉**＿＿時＿＿分 ～ ＿＿時＿＿分

〈出題方法〉 □肉声 □録音 □その他（　　　　　） **〈お手本〉** □有 □無

〈試験形態〉 □個別 □集団（　　　人程度）

材料・道具	制作内容
□ハサミ □のり（□つぼ □液体 □スティック） □セロハンテープ □鉛筆 □クレヨン（　色） □クーピーペン（　色） □サインペン（　色）□ □画用紙（□ A4 □ B4 □ A3 □その他：　　　　） □折り紙 □新聞紙 □粘土 □その他（　　　　）	□切る □貼る □塗る □ちぎる □結ぶ □描く □その他（　　　　） タイトル：＿＿＿＿＿＿＿＿

●面接

〈実施日〉＿＿月＿＿日 **〈時間〉**＿＿時＿＿分 ～ ＿＿時＿＿分 **〈面接担当者〉**＿＿名

〈試験形態〉 □志願者のみ（　　）名 □保護者のみ □親子同時 □親子別々

〈質問内容〉

□志望動機 □お子さまの様子

□家庭の教育方針

□志望校についての知識・理解

□その他（　　　　　　　　）

（詳　細）

・

・

・

・

※試験会場の様子をご記入下さい。

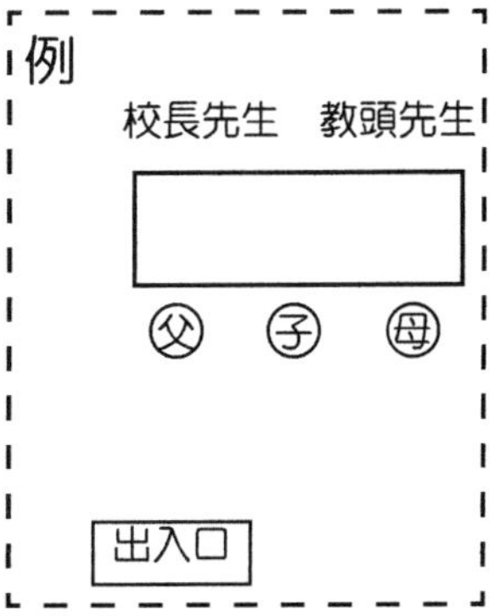

●保護者作文・アンケートの提出（有・無）

〈提出日〉 □面接直前 □出願時 □志願者考査中 □その他（　　　　　　）

〈下書き〉 □有 □無

〈アンケート内容〉

（記入例）当校を志望した理由はなんですか（150字）

●説明会（□有　□無）〈開催日〉　　月　　日〈時間〉　　時　　分　～　　時　　分

〈上履き〉　□要　□不要　〈願書配布〉　□有　□無　〈校舎見学〉　□有　□無

〈ご感想〉

●参加された学校行事（複数回答可）

公開授業〈開催日〉　　月　　日〈時間〉　　時　　分　～　　時　　分

運動会など〈開催日〉　　月　　日〈時間〉　　時　　分　～　　時　　分

学習発表会・音楽会など〈開催日〉　　月　　日〈時間〉　　時　　分　～　　時　　分

〈ご感想〉

※是非参加したほうがよいと感じた行事について

●受験を終えてのご感想、今後受験される方へのアドバイス

※対策学習（重点的に学習しておいた方がよい分野）、当日準備しておいたほうがよい物など

＊＊＊＊＊＊＊＊＊＊＊＊＊　ご記入ありがとうございました　＊＊＊＊＊＊＊＊＊＊＊＊＊

必要事項をご記入の上、ポストにご投函ください。

なお、本アンケートの送付期限は入試終了後３ヶ月とさせていただきます。また、入試に関する情報の記入量が当社の基準に満たない場合、謝礼の送付ができないことがございます。あらかじめご了承ください。

ご住所：〒

お名前：　　　　　メール：

ＴＥＬ：　　　　　ＦＡＸ：

アンケートのご記入
ありがとうございました

ご記入頂いた個人に関する情報は、当社にて厳重に管理致します。弊社の個人情報取り扱いに関する詳細は、www.nichigaku.jp/policy.php の「個人情報の取り扱い」をご覧下さい。

家庭学習をトータルサポート！ ニチガクの オリジナル 効果的 学習法

1 まずは アドバイスページを読む！

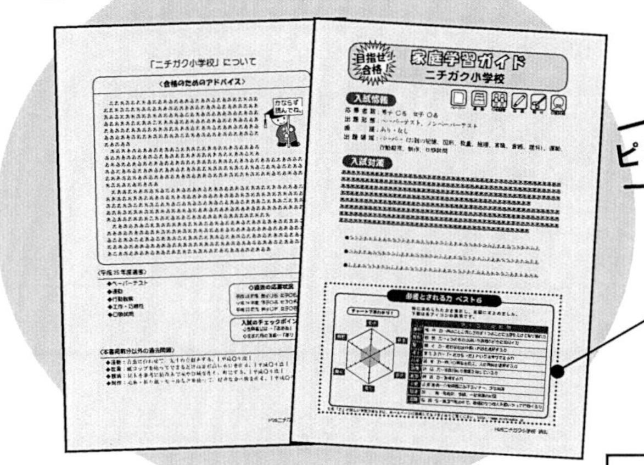

ピンク色です

対策や試験ポイントがぎっしりつまった「家庭学習ガイド」。分析内容やレーダーチャート、分野アイコンで、試験の傾向をおさえよう！

2 問題をすべて読み、出題傾向を把握する

3 「学習のポイント」で学校側の観点や問題の解説を熟読

4 はじめて過去問題にチャレンジ！

5 プラスα 対策問題集や類題で力を付ける

過去問のこだわり

各問題に求められる「力」

分野だけでなく、各問題の求められる「力」をアイコンで表記！アドバイスページの分析レーダーチャートで力のバランスも把握できる！

各問題のジャンル

問題1 分野：数量（計数）　集中　観察

〈準備〉 クレヨン

〈問題〉 ①虫がたくさんいます。それぞれの虫は何匹いますか。下のそれぞれの絵の右側に、その数だけ緑色のクレヨンで○を書いてください。
②果物が並んでいます。それぞれの果物はいくつありますか。下のそれぞれの絵の右側に、その数だけ赤色のクレヨンで○を書いてください。

〈時間〉 1分

出題年度

〈解答〉 ①アメンボ…5、カブトムシ…8、カマキリ…11、コオロギ…9
②ブドウ…6、イチゴ…10、バナナ…8、リンゴ…5

［2017年度出題］

学習のポイント

①は男子、②は女子で出題されました。1次試験のペーパーテストは、全体的にオーソドックスな内容で、特別に難易度が高い問題ではありません。しかし、解答時間が短く、解き終わらない受験者も多かったようです。本問のような計数問題では、特に根気よく、数え落としがないように進めなければなりません。そのためにも、例えば、左上の虫から右に見ていく、もしくは縦に見ていく、というように、ルールを決めて数えていくこと、また、○や×、△などの印を虫ごとに付けていくことで、数え落としのミスを減らせます。時間は短いため焦りがつきものですが、落ち着いて取り組めるよう、少しずつ練習していきましょう。

【おすすめ問題集】
Ｊｒ・ウォッチャー14「数える」、37「選んで数える」

学習のポイント

各問題の解説や学校の観点、指導のポイントなどを教えます。
今日から保護者の方が家庭学習の先生に！

おすすめ対策問題集

分野ごとに対策問題集をご紹介。苦手分野の克服に最適です！
＊専門注文書付き。

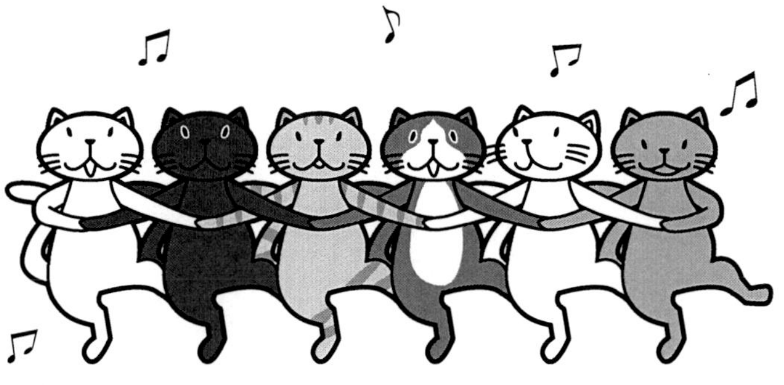

2021年度版　京都府版　国立小学校　過去問題集

発行日　2020年9月23日
発行所　〒162-0821　東京都新宿区津久戸町 3-11
TH1ビル飯田橋 9F
日本学習図書株式会社
電　話　03-5261-8951 ㈹